Fuego y refugio. Bioconstrucciones nativas en Norteamérica

María Jesús Montero Burgos

Este libro se ha impreso sobre papel
procedente de fuentes responsables,
certificado por el *Forest Stewardship
Council*®.

© del texto y de las imágenes
María Jesús Montero Burgos
© del prólogo
Antonio Galán de Mera

© de la edición
© Ediciones Asimétricas, 2024
www.edicionesasimetricas.com

Diseño de colección
Toni Cabré

Maquetación
Paula Sagristá Hernández
Emi Ramírez

ISBN
978-84-10065-06-2
Depósito Legal
M-1617-2024

Impresión
Estilo Estugraf Impresores

Impreso en España
Printed in Spain

Índice

A mi familia

«El mundo era una gran biblioteca cuyos libros eran las piedras, los pájaros, las hojas, los arroyos...»

Jefe Lakota Luther Standing Bear

Prólogo

por Antonio Galán de Mera

El estudio de las poblaciones originarias de América siempre ha despertado interés considerando que hace unos diez mil años se comenzó a poblar todo el continente y se originaron los primeros cultivos junto con las construcciones. Parece que hace seis mil años se adoptó el cultivo del maíz, posiblemente antes en América del Norte, y que llegó al occidente andino hace cuatro mil, y todo ello ligado a las sólidas construcciones preincaicas. Pero todos los pobladores ancestrales americanos tenían la *hoguera* como punto central de reunión apareciendo en la mayor parte de restos arqueológicos junto a partes de plantas que habían sido empleadas para hacer carbón o como alimento. Esto es común tanto entre los Siux o Cheyenes de América del Norte como en los nazca de América del Sur.

Con estos nativos primigenios y naturalistas aparece ya una primera referencia a la cuestión energética de la vivienda y al paralelismo entre el lugar geográfico que ocupa y la vegetación de su entorno, pues si las labores humanas están dirigidas por el clima exterior ambiental, el interior de las viviendas también debe mantener su propia bioclimatología. Aquí entran en juego las estructuras arquitectónicas, muchas de ellas obtenidas empleando las plantas propias del territorio, como los pinos de las Grandes Planicies o los juncos y gramíneas de Oklahoma.

Este libro plantea la idiosincrasia de los nativos norteamericanos desde varios puntos de vista, incluido el espiritual y su propia distribución habitacional en los ecosistemas de Norteamérica, lo que hace de él una síntesis multidisciplinar perfecta aplicable a otras regiones del mundo, pues se ha estudiado toda la diversidad de viviendas nativas de América del Norte con una gran variabilidad de materiales y características. La autora incluso se adentra en análisis estadísticos de correspondencia para presentar los vínculos existentes entre las características morfológicas de las viviendas, los materiales de construcción y ciertos factores climáticos que influyen en su diseño. Así, la difusividad (conducción del calor) es elevada en las envolventes de esteras de los *wigwam*, con un calentamiento rápido del interior de la vivienda para soportar las bajas temperaturas de los Grandes Lagos, pero reducida en el caso de los *hogan* y en las viviendas de adobe de las comunidades Pueblo, donde la temperatura interior subirá lentamente, como se pretende en zonas cálidas.

Un estudio como este permitirá en el futuro profundizar en el diseño de la estructura y los materiales de nuestras propias viviendas y poblaciones, combinando el confort con las soluciones ofrecidas por la naturaleza.

Introducción

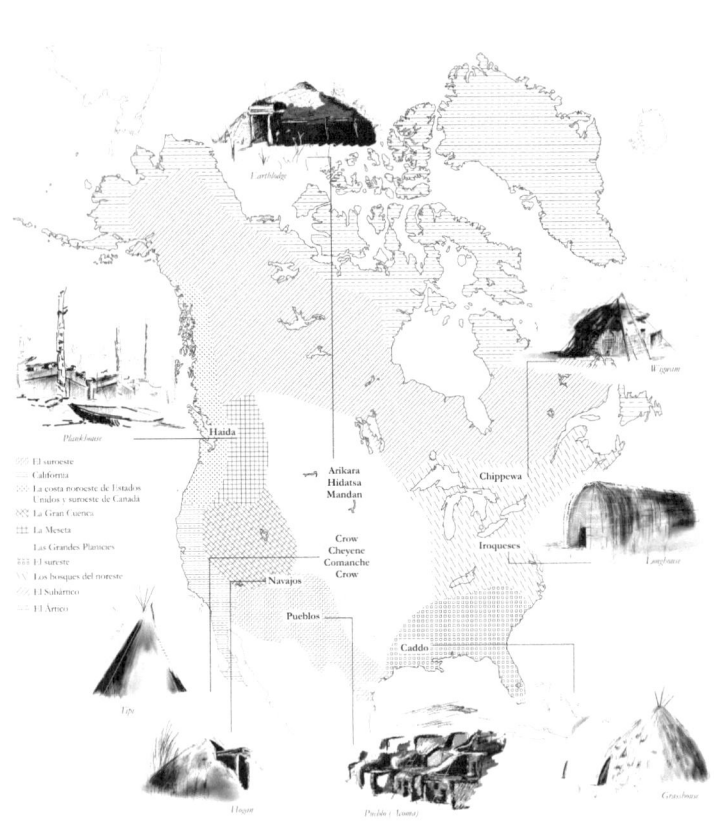

[1] Tribus de Norteamérica y sus localizaciones.

El origen de aquellos primeros arquitectos, valientes aventureros encargados de construir los refugios que vamos a analizar, lo podemos encontrar en esos grupos que, sobreviviendo a la última Edad de Hielo, llegaron a Norteamérica a través del estrecho de Bering hace aproximadamente treinta mil años [Fig. 1]. Hay algunas teorías que contemplan la posibilidad de que la incursión del hombre en este continente se produjera a partir de otras localizaciones, pero, afortunadamente, esta incógnita no influye en nuestra parcela de estudio. Lo que sí podemos afirmar sin miedo a equivocarnos es que con ellos viajaba su cultura, es decir, las soluciones ideadas a lo largo de milenios con el objetivo de solventar los problemas cotidianos, ya fueran herramientas de trabajo, semillas seleccionadas con los más diversos objetivos o las creencias que proporcionaban explicaciones a un entorno cambiante y de difícil comprensión.

A medida que estos grupos avanzaban, dejaron a su paso los restos de sus refugios que normalmente respondían a un esquema muy sencillo y que será el mismo que encontraremos en los refugios norteamericanos que han despertado nuestro interés. Estos espacios estaban protagonizados por una hoguera alrededor de la que se disponían sus ocupantes, bien para dormir bien para trabajar o simplemente hablar. En este espacio estaban contenidas todas las actividades, individuales y comunitarias.

Podemos entender esa hoguera como el urbanista Lewis Mumford entendió una simple piedra situada en mitad de la prehistoria, ese punto que varias tribus habían marcado como lugar de encuentro al que volvían año tras año y en el que intercambiaban noticias, aciertos y errores. Ese hito terminó dando lugar a nuestro modo de vida, un punto en el que, de acuerdo con Mumford, podemos encontrar:

El comienzo de una sucesión de instituciones cívicas que van desde el templo hasta el observatorio astronómico, desde el teatro hasta la universidad.[1]

Estimando concedido el permiso por parte de su autor, podemos trasladar esta idea a nuestra hoguera para entender mucho mejor su valor y su función.

A nivel etimológico, tanto si usamos el término *hoguera* como si recuperamos *fogata*, podemos defender esa solicitud. Siendo *hogar* un duplicado culto de *fuego* según Corominas, este último vocablo nos traslada al latín, *focus*, que a su vez nos lleva a *foco*. Vayamos por donde vayamos, terminaremos llegando a un elemento que cuenta con la cualidad de atraer nuestra atención. Esta capacidad aparecerá también en los refugios de los nativos norteamericanos que visitaremos a continuación.

En el ámbito material esas hogueras cumplían una gran cantidad de funciones que las convertían en elementos dignos de ser protegidos por el hombre. Permitieron a este protegerse de otros animales, quemar campos para su posterior cultivo, eliminar insectos, preparar alimentos para hacerlos más digestivos, aclimatarse y sobrevivir al frío y, no menos importante, conquistar la noche.

Cuenta el matrimonio Laubin, dedicado durante varios años a documentar las tiendas nómadas norteamericanas, que era de una belleza indescriptible observar los *tipis*, las tiendas nómadas de los Siux o los Cheyenes, iluminados como pequeñas velas en la inmensidad de las planicies norteamericanas; como «farolillos japoneses» afirmaban.[2] Debía ser bellísimo ver los campamentos iluminados bajo las estrellas, los *tipis* brillando como pequeñas lámparas en la lejanía y las sombras de sus ocupantes reflejadas en las envolventes de piel de búfalo, traslúcidas como resultado del proceso de curtido al que eran sometidas. Tanto era así, como veremos posteriormente, que en algunas ocasiones se colocaba un segundo revestimiento interior en la parte inferior de estas tiendas con el objetivo de impedir que esas sombras delataran a sus ocupantes y aumentaran su vulnerabilidad ante posibles atacantes. Este efecto no sólo estaba presente en los *tipis,* sino también en los refugios de placas de hielo construidos en el Ártico central, en la región de Igloolik. Estos primeros arquitectos y futuros canadienses construían una variante del *qarmaq,* en este caso, de hielo. En su versión, la planta era un octógono en cuyos vértices se disponían en vertical postes de madera. Entre ellos, respondiendo a los lados del citado octógono, se colocaban placas de hielo que hacían de muros. Para la cubierta es muy posible que se tomara como referencia la construcción de los tambores, de tal forma que se disponía una piel atada a los postes y rigidizada gracias a las placas de hielo. Es sencillo ponerse en la piel del teniente Schwatka, médico y abogado del ejército de los Estados Unidos, que en 1883 manifestó su asombro cuando encontró uno de estos asentamientos durante la exploración de la región comprendida por Canadá y Alaska:

Una de las visiones más bellas de las que jamás he sido testigo… si pueden imaginarse a los liliputienses viviendo en rechonchos botes de caramelos, cubiertos como tambores, tendrán una acertada representación en miniatura de lo que es un poblado de hielo.[3]

En definitiva, se trataba de diseñar un espacio que protegiera al hombre de sus enemigos y de las inclemencias de la meteorología, pero también que cobijara a ese elemento de difícil comprensión que era la hoguera y que proporcionaba tantas ventajas materiales a la comunidad que la cuidara. ¿Sólo materiales? No, pero no nos consideramos capacitados para abordar la faceta espiritual o religiosa de aquellas primeras fogatas.

Centraremos entonces nuestra atención en ese espacio, en esos refugios en los que se desarrollaba todo tipo de actividades y en cuyo centro, como indicábamos anteriormente, solía situarse el fuego. Decimos *solía* porque si observamos las distribuciones de asentamientos como Tor Faraj o el abrigo Romaní, veremos que la organización del espacio en planta es confusa. Sin embargo, a medida que van apareciendo las construcciones exentas, parece que la hoguera va adquiriendo una función organizativa, como en la vivienda longitudinal de Kostienki o en el campamento de Lepenski Vir. De este modo, su disposición no puede ser casual: si nos remitimos al simbolismo de esa posición en planta, tal y como haríamos con un edificio histórico, vemos que nos está indicando que se trata de un elemento esencial para estas comunidades.

Todos los elementos que forman la arquitectura popular suelen estar entrelazados a nivel conceptual, hecho que provoca que el edificio funcione como una máquina en la que no sobra ninguna pieza. Es decir, estamos ante unas construcciones que reflejan un modo de vida en el que lo material, lo cultural y lo espiritual se funden de tal manera que elementos tan dispares como los materiales de construcción o la ventilación nos van a acercar tanto a las soluciones técnicas como al componente espiritual del proyecto. Así, cada uno de los aspectos que conforman esos diseños nos aproximan a cada una de las culturas que los ideó.

No nos disponemos a analizar construcciones en las que la estructura o la ventilación se escojan por separado, en las que se añade un patio o una protección solar en el último momento. No, en ningún caso los nativos americanos diseñaban sus proyectos de esta forma tan caprichosa y deslavazada. Se trataba de proyectos basados en un conocimiento muy profundo de su entorno, obtenido mediante la observación y la experimentación.

En definitiva, con su permiso le propongo, estimado lector, que hagamos un pequeño viaje en el tiempo y en el espacio. Imaginemos que somos uno de esos valientes, uno de esos aventureros que, sin saberlo, llegan a un nuevo territorio hace al menos unos quince mil años, cuando las grandes masas de hielo, que alcanzaron los tres kilómetros de altura en algunas épocas y que ocupan la parte septentrional de Norteamérica, están empezando a derretirse. Gracias al aumento de las temperaturas podemos por fin avanzar hacia el interior del continente.

Tal y como Verrazano reflejó en sus diarios, cuando divisó la costa atlántica el 7 de marzo de 1524, el olor a aire limpio, a vegetación, a dulzor, era tan intenso que impresionó a su tripulación tal y como les había ocurrido a otros viajeros, capaces de orientar sus navíos hacia tierra gracias a esa fragancia. Nosotros, nativos del nuevo continente, ya estamos acostumbrados. Sin embargo, sí estamos llegando a nuevos enclaves cuyos recursos y climatología nos son en gran medida desconocidos. Al avanzar, vamos viendo que se acentúa la necesidad de adaptar nuestros refugios a estos nuevos entornos. En algunas ocasiones debemos rescatar antiguas ideas y, en otras, diseñar nuevas soluciones para conseguir el mejor cobijo. No debemos olvidarnos de la hoguera, ese elemento que nos acompaña desde hace generaciones, que va con nosotros allá donde marquemos rumbo y cuyo funcionamiento será determinante en nuestras decisiones de diseño. Además, debe ser un espacio que nos represente como cultura, como grupo, y que se adapte a nuestro modo de vida. Y, por último, pero igual de importante, debemos aprovechar al máximo las posibilidades que nos ofrece nuestro entorno para conseguir un espacio confortable.

En definitiva, me gustaría invitarle a que intentemos ponernos en la piel de aquellos nativos americanos, descendientes de esos cazadores de caza mayor que, entre búfalos y ventiscas, nos dejaron las soluciones que nos disponemos a analizar. Acerquémonos a ellos mediante el legado de los Siux, los Wichita, los Crow, los Pueblo, los Chippewa, los Navajos, los Haida y los Iroqueses para descubrir el funcionamiento de aquellos refugios de raíces ancestrales. Con la convicción puesta en que estas comunidades nos concederían el permiso necesario, intentemos descubrir los secretos de aquellas pequeñas máquinas de climatización.

Emplazamiento

Sami, Suecia

Neolítico, Gran Bretaña

Sami, Suecia

Koriak, Siberia

Even, Siberia

Crow, Estados Unidos

Ostiak, Siberia

Kutchin, Ártico

Inuit, Ártico

[1] Esquemas estructurales de algunas de las tiendas nómadas más representativas del hemisferio norte.

A la hora de construir un refugio, es decir, un micro-
clima que nos permita habitar un territorio, es necesario, tal y como consiguieron los nativos, entender
lo mejor posible el funcionamiento de ese entorno.
Tanto su topografía como sus recursos y su climatología serán determinantes en nuestro diseño.

Tomemos como ejemplo el *tipi*, una de las tiendas nómadas más importantes del planeta, y compa-
rémosla con la *earthlodge*, una de las viviendas permanentes más representativas de las diseñadas por
los nativos norteamericanos. Ambas se construían
en la región de las Grandes Planicies, situada en el
centro de Norteamérica.

Se trata de una extensión de unos cuatrocientos
millones de hectáreas, delimitada por el río Misisipi,
las montañas Rocosas, el centro de las provincias canadienses de Alberta y Saskatchewan, y el estado de
Texas. Se divide en dos partes. Por un lado, encontramos la región oeste, llana y cubierta con hierba de
porte bajo. No cuenta con recursos hídricos signifi-
cativos y apenas si alberga vegetación de porte alto. A
medida que nos dirigimos hacia el este, la pradera sí
contendrá este tipo de flora. Los afluentes del río Misisipi hacen que la vegetación tenga más presencia y
explican que fuera ésta una de las regiones en las que

se desarrolló la agricultura hace aproximadamente dos mil años. El bisonte, que llegó a estar representado por sesenta millones de ejemplares en toda la región, era escaso en esta parte. Aun así, fue el que cohesionó a todas las comunidades de la zona.

En ella están presentes principalmente dos climas, según la escala de Köppen.[4] Por un lado, la zona noreste y el centro los cubre el tipo Dfb, es decir, se trata de un clima frío, con un nivel de precipitaciones estable durante todo el año y veranos templados. Por otro lado, la mayor extensión la protagoniza el tipo BSk, correspondiente a un clima semiárido y seco, cuya temperatura media anual es inferior a los 18°C.

No siempre fue así. Aproximadamente hace diez mil años la capa de hielo Laurentino comenzó a derretirse. La aridez llegó a la región y las especies más antiguas, como el caballo, el camello, el mamut y el bisonte, desaparecieron poco a poco al tiempo que eran sustituidas por una variedad más pequeña del bisonte, procedente de México. Poco a poco se fue desarrollando la agricultura y crecieron los centros de intercambio, como los construidos por las culturas Adena y Hopewell a orillas del río Ohio aproximadamente en el año 750.

La falta de transporte rodado provocó que las comunicaciones y el envío de mercancías se llevaran a cabo a través de las rutas fluviales. Por razones todavía desconocidas, entre las que probablemente se encuentran los cambios en el clima, la superpoblación, las enfermedades y el empobrecimiento del suelo, los centros más importantes, como Cahokia (en Illinois) o Moundville (en Alabama) fueron abandonados en el siglo XVII. Así, la parte oriental pasó a estar prácticamente deshabitada debido a que los cazadores nómadas se habían trasladado a la zona occidental en busca de la protección y la estabilidad que ofrecía el Misisipi. Poco a poco la sequía se redujo, provocando que la zona occidental se convirtiera en una región fácil de habitar en la que no era necesario batallar o negociar para conseguir un territorio. Así, llegaron los grupos Atabascanos, como los Apaches, y los Algonquinos, como los Cheyenes o los Blackfeet.

De esta manera, las comunidades nómadas y cazadoras del centro de la región necesitaron diseñar un refugio que las protegiera durante todo el año frente a un clima cambiante y extremo. También tenía que tratarse de una estructura cuyo montaje fuera tan sencillo como su desmontaje. Además, no debía pesar porque sería necesario cargar con ella a lo largo de kilómetros, ya que, aunque los caballos regresaron a las Planicies al llegar los que llevaban consigo los primeros europeos, en un primer momento sólo se contaba con perros y con narrias para su transporte. Éstos serían los requisitos a nivel formal, pero también debía tratarse de un espacio que representara a la comunidad y a sus creencias, y que protegiera a ese elemento que hemos destacado al inicio, la hoguera. Intentemos pensar qué habríamos hecho nosotros si hubiéramos tenido a nuestra disposición calor (mucho calor), frío (mucho frío), viento (mucho viento), tierra, búfalos, pinos dispersos, matorrales de bajo porte, hierba y, de vez en cuando, algún arroyo. Pongámonos a ello.

Es prácticamente imposible trazar la evolución del *tipi*, pero sí podemos realizar el ejercicio que haríamos actualmente ante un encargo: buscar las referencias, las soluciones que otros arquitectos han dado a nuestros objetivos.

En el planeta existen dos grandes grupos de tiendas a nivel estructural. En la zona de Oriente Medio es habitual encontrar tiendas atirantadas, como las de los Tuaregs. Sin embargo, tanto en el norte de Europa como en Norteamérica, lo habitual eran las estructuras que veremos a continuación. En el anterior esquema podemos ver algunas de ellas [Fig. 1]. Destaca la familia de tiendas nórdicas que cuentan con dos subestructuras: una interior, con cuatro apoyos, y otra exterior, formada por un cilindro inferior y un cono superior. Al margen se sitúa la solución que daban los Sami, una estructura de arcos sobre la que apoyaban los postes perimetrales que soportaban la envolvente. Ambos planteamientos intentan solucionar un problema al que ni el *tipi* ni el resto de tiendas cónicas podían hacer frente. Nos referimos a la posible necesidad de ampliar la tienda. Como veremos, estas soluciones, propuestas por los Sami o por los Even, aparecen reflejadas en la otra vivienda a la que hacíamos referencia anteriormente, la la *earthlodge*. Ni ella ni el *tipi* consiguieron responder a este requerimiento. El *tipi* sólo se aproximó a conseguirlo al transformarse en lo que se ha denominado *extended tipi*, *tipi* ampliado o de planta longitudinal.

En el caso de los Inuit, por ejemplo, vemos que utilizan, como los Koriak siberianos, una pequeña galería de entrada, probablemente con el objetivo de proteger el interior de las corrientes de aire frío. Esta estructura, formada por un lugar de reunión en cuyo centro se sitúa una hoguera y al que se accede mediante esa pequeña galería, la encontraremos en múltiples refugios a lo largo y ancho de América del Norte.

Así las cosas, de entre todas estas ideas, algún nativo, al que debemos estar profundamente agradecidos, diseñó el *tipi* después de haber llevado a cabo, con toda seguridad, una gran cantidad de pruebas, aciertos y errores. Se trata de la tienda que utilizaban las comunidades nómadas de las Grandes Planicies de forma habitual, pero también hacían uso de ella otros grupos más cercanos al sedentarismo durante cacerías o viajes puntuales.

El *tipi* es una tienda cónica (en la figura 1 podemos ver el diseño de los Crow), con una estructura de tres o cuatro apoyos de postes de madera, normalmente de pino, y una envolvente que en un primer momento fue de piel de búfalo curtida y que, con el paso de los años, pasó a ser de algodón. Algunas tribus unían los postes principales, tres o cuatro dependiendo de la tribu, atando sus extremos superiores. Otras, en cambio, como los Hidatsa, sólo tomaban esta decisión si la fuerza del viento ponía en riesgo la estabilidad de la tienda. De ser así, ataban desde dentro de la tienda una cuerda alrededor de la estructura y la elevaban hasta el nudo superior, formado por los postes, para conseguir el mismo efecto. En ambos casos, esa cuerda se anclaba al suelo. Sobre el nudo que formaban los extremos superiores de los citados postes se iban disponiendo sus homónimos secundarios que terminaban de proporcionar al *tipi* su forma cónica.

A priori no existe ningún impedimento para que esta tienda respondiera a la forma de un cono recto, pero no es así. Se trata de un cono de eje oblicuo y de base ovalada. Como veremos en apartados posteriores, la inclinación de ese eje conlleva numerosas ventajas con respecto a la ventilación de la tienda y a su forma de resolver los aspectos ligados al soleamiento.

En la parte superior de los postes, en el exterior de la tienda, solía atarse un testigo, unas serpentinas hechas con pelo de cola de búfalo o caballo, o incluso tela, que, a modo de veleta, servían para identificar claramente la dirección del viento. Eran de gran utilidad para las tribus que se asentaban cerca del Misisipi donde esta dirección es más inestable.

Obviamente solía escogerse para su construcción un lugar elevado, a salvo de inundaciones y que permitiera divisar al enemigo. También debía ser llano y era habitual que fuera necesario limpiarlo retirando piedras, tocones y maleza. Además, aunque algunas fotografías contradicen esta afirmación, se escogían lugares alejados de los árboles, probablemente con el objetivo de evitar los rayos de las tormentas eléctricas que se forman frecuentemente en la región de las Grandes Planicies durante la primavera y el verano. De este modo también se conseguía que no siguiera cayendo agua sobre la tienda una vez terminada la tormenta. Parece que esta regla sólo se rompía si la temperatura era muy elevada y era conveniente buscar la sombra de uno de estos árboles. En ese caso, la tienda se situaba en la zona noreste del área de influencia del árbol con el objetivo de disfrutar de su sombra durante la mayor parte del día.

En invierno se podía construir alrededor de la tienda un rompevientos, una barrera formada por postes verticales y ramas horizontales entrecruzadas, entre las que los Cheyenes, los Kiowa y los Comanches añadían tallos de girasol o ambrosía con el objetivo de rigidizar la estructura. Este entramado podía alcanzar los tres metros de altura. Sin embargo, algunos grupos, como los Cheyenes a los que consultó Campbell a principios del siglo XX, consideraban este sistema una innovación y afirmaban que, utilizando los materiales de construcción originales y sus soluciones correspondientes, las infiltraciones que sufrían los *tipis* eran inapreciables.

La organización de los campamentos solía llevar a la dispersión o, más bien, a que los *tipis* se agruparan por afinidad familiar. Las crónicas cuentan que sólo había un momento en que se disponían formando un gran círculo, esto es, durante la celebración del Sun Dance. Edward Curtis, célebre fotógrafo cuyo trabajo ha sido esencial en la presente investigación, afirma que esta disposición circular era la habitual en los tiempos más antiguos.

El acceso a la tienda se encontraba en el plano menos inclinado mientras que la parte trasera, la más inclinada, era la encargada de hacer frente a los vientos predominantes. Esos vientos solían venir del oeste, de la cordillera de las Rocosas, de tal forma que ése era el lado al que miraba la parte posterior de la tienda, mientras que el acceso se orientaba al este, a la salida del sol. De nuevo, en estas construcciones todo parece cuadrar perfectamente.

La única tribu que parece que orientaba el acceso a sus *tipis* de forma diferente, es decir, hacia el sur, era la integrada por los Assiniboine. La explicación para este cambio quizás se encuentre en que era una comunidad que solía localizarse en la parte septentrional de la región, donde los vientos más peliagudos provienen del norte.

De esta manera, gracias a la inclinación del eje del cono que define el *tipi*, los vientos apuntalaban la

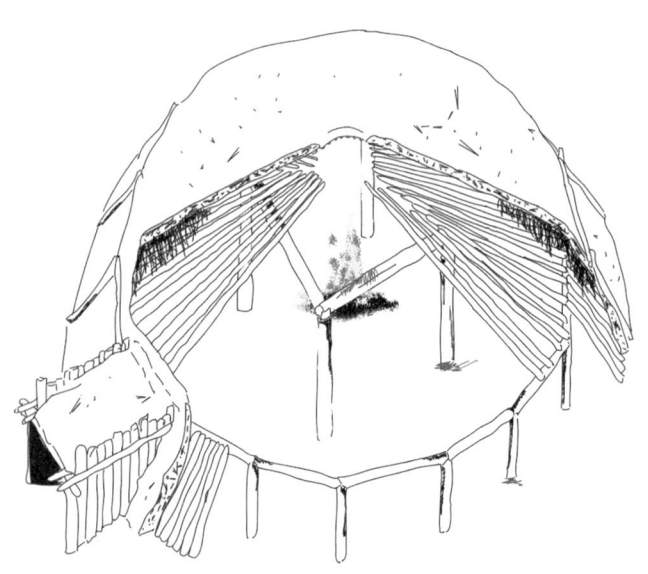

[2] *Earthlodge.*

estructura, ya que golpeaban en la parte más inclinada y clavaban en el terreno la menos inclinada.

La capacidad de adaptación del *tipi* es induda-
blemente una de sus virtudes. Hay testimonios escri-
tos en los que se da fe de que algunas tribus, como los
Hidatsa, los giraban en busca de esa posición idónea.
De este modo, si el viento cambiaba, entre cinco o
seis de sus integrantes elevaban toda la construcción
y la orientaban buscando que el acceso se situara a
sotavento y la espalda de la tienda a barlovento.

Mientras que las tribus nómadas preparaban
sus *tipis* para el invierno, los Mandan, los Hidatsa
y los Arikara abandonaban los poblados que habían construido a orillas del río Missouri, como
Sakakawea o Like-a-fishhook, para dirigirse a los
bosques cercanos donde estaban más protegidos de
los fríos vientos del invierno.

Allí construían, con peor calidad y de menor
tamaño, una variante de su refugio habitual, las *earthlodges*, o viviendas de tierra [Fig. 2]. Se trataba de
unos refugios de planta circular y de estructura de
madera que alcanzaban los 12 metros de diámetro.
Cubiertos con ramas y tierra, cuya morfología po-
dríamos asemejar a la carpa de un circo, con una
envolvente dispuesta en dos tramos de diferente

inclinación y una pequeña galería de entrada. Esta inclinación evitaba que el agua de lluvia permaneciera en la envolvente y también, como hemos visto anteriormente, la vivienda percibía más radiación solar, aumentando así la temperatura en el interior del refugio. No se colocaban con una orientación concreta, pero es cierto que formaban asentamientos densos (Sakakawea llegó a tener treinta y una viviendas) y muchos de ellos estaban fortificados, de tal forma que el viento no debía ser un problema y la radiación solar, alcanzando superficies de inclinación regular como era la de sus envolventes, incidiría igual en cualquier dirección.

En la zona de los Grandes Lagos, en el noreste de Estados Unidos y sureste de Canadá, el entorno era diferente. Se trata de una región boscosa, de unos doscientos sesenta millones de hectáreas, que limita al norte con el bosque boreal canadiense. La zona meridional da lugar poco a poco a las zonas agrícolas del sureste de Estados Unidos mientras que al oeste se enfrenta a las praderas y planicies de las que hablábamos anteriormente. En la parte septentrional encontramos el tipo de clima Dfb según la escala de Köppen, caracterizado por sus bajas temperaturas, un nivel estable de precipitaciones a lo largo de todo el año y veranos templados. En cambio, la zona meridional cuenta principalmente con un clima tipo Cfa, es decir, alta humedad, temperaturas medias anuales situadas entre los 22 y los 18°C, y precipitaciones regulares.

Se estima que los bosques que pueblan esta región comenzaron a estar habitados hace aproximadamente doce mil años, de tal manera que su población fue aumentando a medida que las grandes masas de hielo, que ocupaban Canadá y la mitad norte de Estados Unidos, se retiraban. Sin embargo, no fue hasta hace unos cinco mil años cuando el clima se estabilizó y las primeras comunidades pudieron establecerse en la zona. Todavía serían necesarios otros mil años para que tecnologías como la cerámica o las piedras pulimentadas llegaran desde Mesoamérica.

Para el año 1.000, la alimentación de estas comunidades, como la Iroquesa, ya dependía del cultivo de las célebres *tres hermanas*: el maíz, la judía y la calabaza. Estos tres vegetales se compenetran perfectamente. El maíz proporciona un soporte a la planta de las judías para crecer, que a su vez absorben nitrógeno del aire y enriquecen con él el suelo. Por su parte, las grandes hojas de la planta de la calabaza proporcionan sombra a la tierra, impidiendo que el agua se evapore, al tiempo que evitan que crezcan malas hierbas que roben nutrientes al conjunto. Además, las hojas de las calabazas tienen pelos punzantes por lo que los animales se mantienen alejados de la plantación.

Sin embargo, los grupos situados en el norte de la región dependían más de la caza, la pesca y la recolección. Ciervos, osos, conejos, mariscos y pavos eran los objetivos principales. Pensemos cómo diseñaríamos un refugio en esta zona. Nos enfrentamos a inviernos complicados, humedad elevada y vientos fríos. A nuestra disposición tenemos tierra, los animales comentados anteriormente y bosques inmensos de coníferas de hoja perenne, como los de *tsuga*, y de árboles de hoja caduca, como el roble y el olmo americano.

Probablemente pensemos que la tierra la tenemos disponible vayamos a donde vayamos, pero no es así. En regiones como la estepa siberiana la capa de permafrost nos impediría utilizarla. Teniendo en cuenta que allí tampoco abundaba la vegetación, ¿cómo solucionaban la carencia de materiales de construcción aquellos cazadores? Con lo poco que tenían a su alcance: los mamuts. De estos animales podían obtener huesos, como las costillas o las vértebras, que hacían las veces de estructura, y pieles, que servían como en- volvente tal y como hemos visto en el *tipi*. Los huesos ofrecen una gran ventaja y es que no se pudren con la humedad, característica de gran utilidad en aque- lla región. Además, tal y como ocurría con los *tipis*, el hecho de utilizar elementos de origen animal para la construcción tenía un contenido simbólico muy im- portante. Al cobijarse bajo la piel de un mamut y den- tro de su osamenta, los nativos indican que sienten su protección. Del mismo modo que al cazar se utiliza- ban pieles de animales a modo de camuflaje, también se utilizaban con la convicción de que traspasarían al cazador las cualidades del animal del que procedían. Sin embargo estas decisiones de diseño suelen tener una faceta simbólica y otra práctica. En esta ocasión, la segunda consistía en que, al cobijarnos bajo una piel de mamut o de búfalo, ya sea como envolvente de un refugio o como indumentaria, adquiriríamos su olor. Este olor hacía que otros animales, que nos atacarían sin temor a ser vencidos, se lo pensaran mejor al oler en la lejanía a uno de estos gigantes.

Volvamos a los Grandes Lagos. Los Chippewa fueron una de esas comunidades que consiguieron adaptarse a esta región con los recursos que hemos descrito anteriormente.

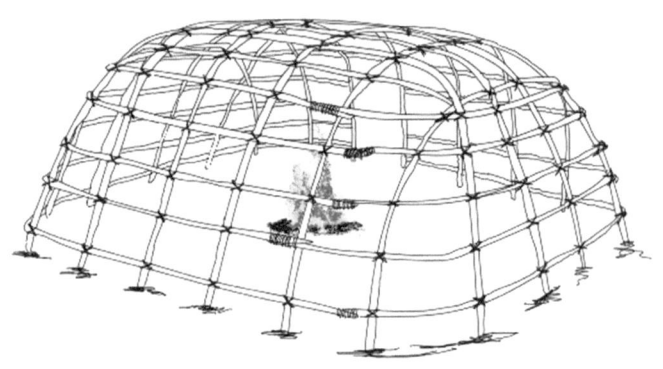

[3] *Wigwam.*

Para ello optaron por el *wigwam* [Fig. 3]. Hay algunos autores que afirman que el término *wigwam* proviene del inglés *wig*, peluca en español. Su proceso constructivo es muy similar al de la colocación de este complemento. Nos encontramos en este caso con unos postes clavados en el suelo, dibujando en planta un óvalo cuyo eje mayor medía aproximadamente unos seis metros y su homólogo menor, unos cuatro. Estos postes se atan entre ellos por sus extremos superiores formando dos series de arcos, una a lo largo de cada eje. A continuación, se disponían unas ramas que, atadas a los arcos y formando círculos horizontales, consolidaban esta estructura cupular.

El paso siguiente consistía en colocar la envolvente, compuesta por esteras o por láminas de corteza. A nivel morfológico se trata de una cúpula ovalada, de bajo factor de forma y diseñada para resistir la fuerza del viento propia de la región de los Grandes Lagos. Las bajas temperaturas y la elevada humedad de la zona suponen un problema que haría necesaria una envolvente menos liviana, pero debe tenerse en cuenta que los Chippewa no vivían de la agricultura, sino de la recolección de frutos silvestres. Esto implicaba una vida cercana al nomadismo que los llevaba a trasladarse entre, por ejemplo, el lago Mille Lacs, los territorios de caza cercanos y los bosques más próximos. Así que demandaban un refugio que se adaptara a esta dinámica. Tanto era así que, en muchas ocasiones, esta comunidad abandonaba la estructura de sus *wigwams* y se trasladaba llevándose consigo su envolvente con la esperanza de volver a encontrarla al regresar el año siguiente. Así lo relataba Nodinens, una de las últimas Chippewa que vivió en estos refugios durante su infancia, a la etnóloga Frances Densmore.

En segundo lugar, podemos encontrar en esta misma parte de Estados Unidos una versión de uno de los refugios más relevantes de la historia de la arquitectura, y es que los Chippewa compartían su parte de Norteamérica con la confederación Iroquesa, autora de una variante de la tipología conocida como *longhouse* o viviendas de planta longitudinal [Fig. 4]. Éste fue el esquema espacial elegido para representar el sistema organizativo de la citada confederación, formada por los miembros de los Mohawk, Oneida, Onondaga, Cayuga, Seneca y, finalmente, los Tuscarora. El territorio ocupado se localizaba en la orilla meridional del lago Ontario. En el extremo occidental se situaban los Seneca, encargados de proteger ese límite de la confederación; a continuación, hacia el este, se localizaban los Cayuga, seguidos por los Onondaga, los Oneida y, finalmente, los Mohawk cuya misión era velar por la frontera oriental. Si la *longhouse* consistía en una serie de pórticos de madera sencillos (dos postes y una viga), dispuestos a lo largo de un eje longitudinal, a cada una de las tribus, a nivel simbólico, le pertenecía uno de los espacios que quedaban entre dichos pórticos y cada una protegía su propia hoguera, situada en el pasillo central. La traslación a la práctica era casi directa. Cada familia de las que integraban cada tribu se colocaba en uno de estos espacios y cada una, o cada dos, depende del autor que consultemos, se encargaba de una hoguera. Como decíamos, la relevancia de esta vivienda a lo largo de la historia, cuyas variantes se pueden encontrar en lugares tan dispares como Sudamérica, el centro de Europa u Oriente Medio, es imposible de plantear en este documento. Mucho menos podemos analizar la relevancia que esta confederación tuvo en la historia, cuya influencia, según afirmó Benjamin Franklin, llegó hasta la redacción de la Constitución estadounidense. Sin embargo, a nivel arquitectónico, podemos afirmar que los Iroqueses consiguieron resolver el proble-

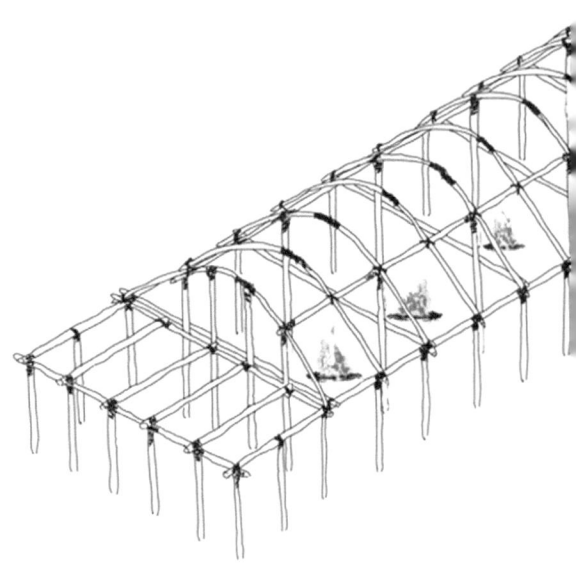

[4] *Longhouse* Iroquesa.

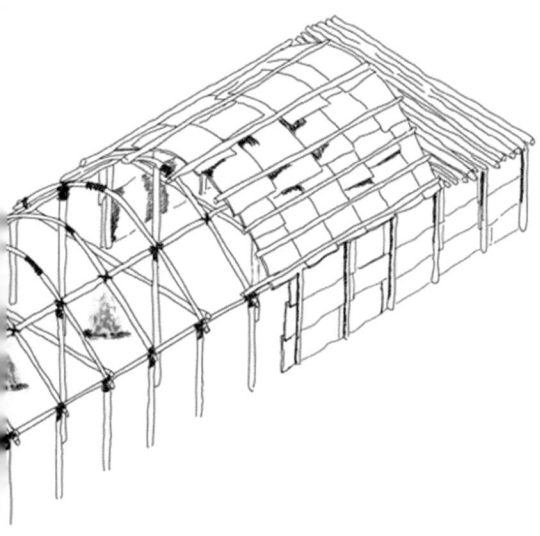

ma organizativo al que se enfrentaban las viviendas comunitarias: el hecho de que la vivienda debía crecer a medida que la población que la habitaba se hiciera más numerosa. Para ello, dispusieron los citados pórticos a lo largo del citado eje longitudinal y, cada vez que se formaba una nueva familia, bastaba con retirar una de las fachadas transversales de la vivienda en la que vivía la madre de la esposa. A continuación, se construía otro pórtico dando lugar a otro *apartamento*. Decir solamente que, si no resistimos la tentación de especular, y en vez de pórticos imaginamos que hablamos de tabiques, corremos el riesgo de llegar a la conclusión de que esta organización en planta se corresponde ya con la de nuestros bloques de apartamentos o nuestras urbanizaciones de adosados. Quizás el punto de encuentro morfológico entre ambos modelos podamos hallarlo en algunos poblados europeos de la Edad de Bronce, como Cabezo de Monleón, o de la Edad de Hierro, como Cortes, en Navarra.

La complejidad de estos pórticos era ligeramente superior a lo descrito en las páginas previas. Es cierto que estaban formados por dos pilares y una viga, pero en el extremo superior de estos pilares se ataban sendos postes cuyos extremos superiores se unían dando lugar a un arco semejante a los que configuraban los *wigwam*. Además, se colocaban otros dos postes que dividían el pórtico en tres áreas: dos laterales, que albergaban los *apartamentos,* y una central, en el que se encontraba la fila de hogueras.

Hay testimonios que indican dos variantes con respecto a este modelo. Por un lado, algunas de estas viviendas habrían contado con un vestíbulo en cada uno de sus accesos y, por otro, es posible que, en la última etapa de su evolución, se hubiera empezado a utilizar la cubierta a dos aguas en vez de la cubierta abovedada. A nivel de temperaturas, en el interior de la vivienda, estas modificaciones no habrían sido perceptibles.

El denominador común a las tres versiones es el hecho de que las cubiertas respondían morfológicamente a la necesidad de evacuar el agua de lluvia. Tanto los espacios abovedados como los cubiertos a dos aguas habrían realizado esta función.

Estos poblados solían situarse cerca de:

Buenos arroyos, en un punto ligeramente elevado del territorio y rodeado por un foso natural, en el que las murallas forman un círculo alrededor del poblado, que debía

ser muy compacto [...] quedaba un espacio libre entre las viviendas y las murallas para que los guerreros pudieran combatir más cómodamente los ataques enemigos.[5]

Esta descripción proviene de primera mano, en concreto de los textos en los que el hermano lego Gabriel Sagard relató su viaje a los territorios de la Nueva Francia como misionero, a principios del siglo XVII.

Además, el territorio elegido debía ser fértil para permitir el desarrollo de la agricultura. Tal y como indicaba Samuel de Champlain, coetáneo de Sagard y considerado padre de aquella región, los poblados solían durar entre diez y treinta años. Cada vez que se trasladaban, los nativos construían su nuevo asentamiento a unos diez kilómetros del emplazamiento anterior, alcanzando los doscientos cincuenta kilómetros si el detonante del traslado era un ataque enemigo. Sin embargo, lo habitual era que la caza, la madera y la vegetación comenzaran a escasear, al tiempo que los campos de cultivo se empobrecían y era necesario que entraran en barbecho para recuperar nutrientes.

Como comentábamos anteriormente, el entorno y sus recursos cambian significativamente a medida que nos acercamos a la región sureste de los actuales Estados Unidos. Esta zona, de unos cien millones de hectáreas, está compuesta por tres sectores: la planicie de la costa, el piedemonte y la parte sur de los Apalaches. La primera, cuya anchura varía entre los ciento sesenta y los cuatrocientos ochenta kilómetros, se prolonga hasta la península de Florida y limita al oeste con el río Misisipi. Cuenta con numerosas marismas, lagunas y pantanos que la convierten en una región propicia para la agricultura. Al oeste, entre la cordillera y la costa, se sitúa la región del piedemonte, por donde discurren numerosos ríos que van a desembocar al Atlántico tanto por el este como por el sur. Por último, los Apalaches dan lugar al tercer sector, ya que atraviesan toda la región diagonalmente, desde el noreste hasta el suroeste. Esta zona también es rica en recursos hídricos, pero, ante todo, puede aportar una gran variedad de minerales, ausente en las otras dos zonas.

Teniendo en cuenta esta distribución, se puede comprender la diversidad climática de la región. Sin embargo, por lo general, se trata de un entorno húmedo y cálido en verano. En dicha estación son habituales las tormentas eléctricas, que dan el relevo a los tornados en primavera, originados por los fuertes contrastes de humedad y de temperatura entre las masas de aire provenientes del norte y del sur. Durante el invierno, época en la que las nevadas se concentran en la parte norte, tiene lugar la mayor diferencia de temperaturas entre las distintas regiones esbozadas: en el sur de Florida pueden llegar a los 15°C, mientras que en los Apalaches pueden bajar hasta los -6°C. En cambio, en verano, en el curso bajo del Misisipi se alcanzan los 35°C y en los Apalaches se llega a los 23°C. Según la escala de Köppen las tres zonas corresponden a la categoría Cfa, es decir, un clima húmedo con precipitaciones regulares y temperaturas situadas principalmente entre los 22°C y los 18°C.

Se trata de una región poblada desde hace aproximadamente once mil años por grupos dedicados a la caza y a la pesca. En el siglo XIII la mayor parte de ellos ya había adoptado la agricultura, en concreto, el cultivo de las *tres hermanas* a las que hacíamos alusión anteriormente (maíz, judías y calabazas).

En esta ocasión, para diseñar nuestro refugio, contamos con cipreses, cañas, palmas y tupelos. En la región interior también hay coníferas y robles que llegan hasta el piedemonte. Allí también podemos encontrar pinos y nogales, mientras que en la parte meridional de los Apalaches abundan las maderas nobles como los castaños o los nogales. En la parte norte encontramos principalmente hayas y arces. En cuanto a la vegetación de porte bajo, tenemos a nuestra disposición una gran variedad de gramíneas y juncos que los nativos utilizaban para fabricar cestas, herramientas y las envolventes de sus refugios.

Con este material se dispusieron a construir sus viviendas, las *grasshouses* o viviendas de hierba, los Wichita, miembros de la comunidad Caddo, en el territorio que ocuparía algún día el sector oriental de los estados de Texas y Oklahoma [Fig. 5]. Cabeza de Vaca ya indica en *Naufragios* que él y sus compañeros pudieron ver algunas de estas construcciones cuando a mediados del siglo XVI recorrieron el sureste del futuro Estados Unidos.

Imaginemos un círculo en el suelo, un círculo de unos ocho metros de diámetro. En su perímetro se clavaban unos postes de unos tres metros y medio de alto, aproximadamente cada dos metros. Estos postes tenían su extremo superior bifurcado de tal manera que se facilitaba la tarea de colocar una serie de vigas de atado sobre ellos. Cuando estos pórticos encadenados estaban finalizados, se pasaba a colocar la estructura que portaba la envolvente. En el exterior de este círculo, dibujando otro concén-

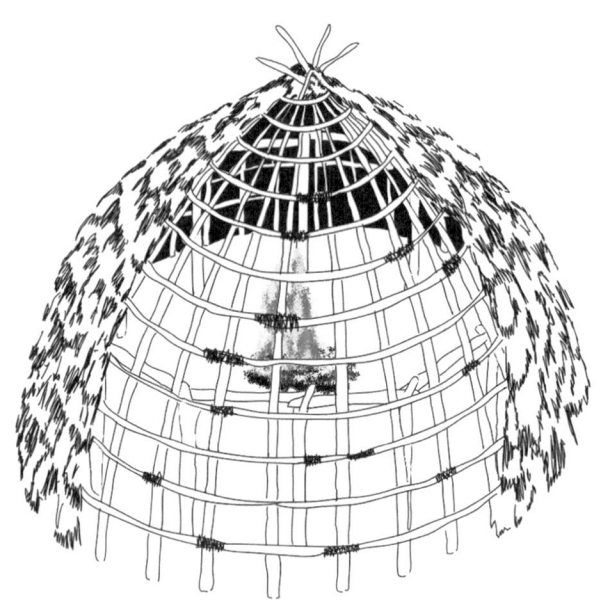

[5] *Grasshouse.*

trico a él y de un diámetro superior en un metro, se iban clavando postes en el suelo, cada treinta o cuarenta centímetros, postes de unos ocho o nueve metros de largo. A continuación, se ataban entre sí sus extremos superiores dando lugar a una morfología similar a la de una cúpula apuntada. Con el objetivo de consolidar la estructura se iban disponiendo unos anillos, también de ramas, desde el suelo hasta el punto más elevado de la cúpula. El siguiente paso consistía en cubrir toda la construcción con haces de hierba seca que daban lugar a una envolvente de unos treinta centímetros de espesor.

El grosor de esta envolvente impedía que el agua accediera al interior del refugio dirigiéndola hasta el suelo mediante los canales creados entre las cañas de la hierba. Además, se trataba de una morfología cupular y apuntada que, al acercarse a la vertical, aceleraba el discurrir de la lluvia.

Si estamos tratando el tema de la selección del emplazamiento, no podemos olvidar la decisión de los Haida. Esta comunidad forma parte de aquéllas que se asentaron en la costa suroeste de Canadá y cuyo modo de vida estaba basado en la pesca, en concreto en la del salmón. Esta zona se extiende desde la bahía de Yakutat, en el sur de Alaska, hasta el norte de California. Se trata de una región de unos dos mil cuatrocientos kilómetros de largo y de unos ciento sesenta de ancho a lo largo de la que discurre la cordillera de las Cascadas. Su ladera occidental da lugar a numerosas islas, como la de Haida Gweii o la isla de Vancouver. Se divide en tres sectores: desde Alaska hasta Vancouver, desde este punto hasta el río Columbia, y un último tramo que llega a la zona norte de California.

Los primeros grupos llegaron hace unos doce mil años, cuando el hielo comenzaba a derretirse. Sin embargo, los poblados no comenzaron a consolidarse hasta hace unos tres mil años.

El cedro rojo y el salmón son los dos elementos que unifican ambientalmente la región. Cinco tipos de salmón habitan esta zona y el cedro rojo responde a una innumerable cantidad de funciones. Desde indumentarias y utensilios cotidianos hasta la envolvente y la estructura de las viviendas, las *plankhouses* (o viviendas de listones de madera), pueden ser confeccionados con él.

A nivel climático, se trata de una zona Cfb según la clasificación de Köppen, es decir, corresponde a un clima húmedo y relativamente templado con veranos fríos e inviernos húmedos. La lluvia es abundante, aunque en una región que comprende tantas latitudes, este dato varía significativamente de un extremo a otro.

Toda la costa está cubierta por bosques templados en los que abundan los abetos, *tsugas* y, por supuesto, los cedros rojos del Pacífico.

Sus viviendas se localizaban en las orillas de las calas, protegidas por la topografía y por la densa vegetación de la zona. Estos emplazamientos permitían aprovechar las corrientes de aire oceánico que, como veremos a continuación, facilitaban la ventilación de los refugios, las *plankhouses*, de día y de noche, evitando que la humedad pudriera la madera que formaba envolvente y estructura [Fig. 6].

Sin embargo, tal y como demostró el profesor Knowles, miembro de la American Solar Energy Society, las construcciones nativas en las que sí tuvo una gran influencia la orientación fueron las erigidas por los indios Pueblo.

Estas comunidades se localizan en el suroeste de Estados Unidos, en un territorio ocupado por el desierto que abarca la mayor parte de Arizona y Nuevo México, el sur de Colorado, el sur de Utah y los estados de Sonora y Chihuahua, situados en el norte de México. La meseta del Colorado, los desiertos mejicanos y

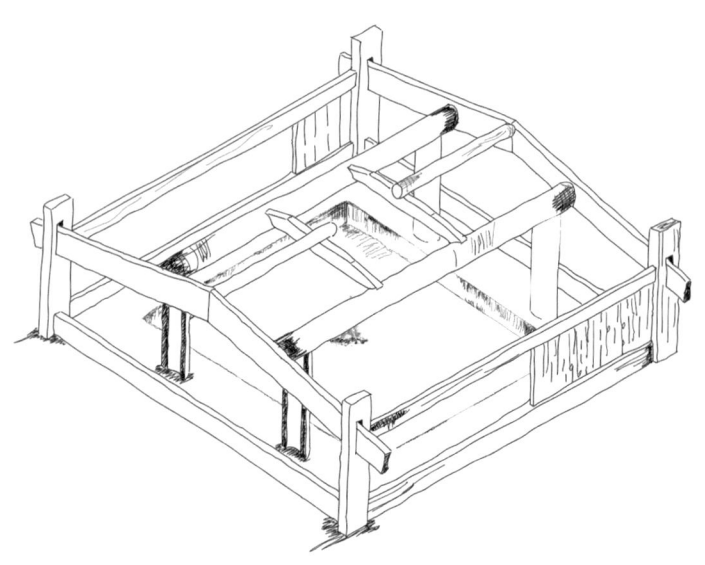

[6] *Plankhouse*.

las montañas son las tres zonas que lo componen. La primera está formada por varias mesetas y cañones muy profundos, entre los que destaca el célebre Gran Cañón. Se trata de una zona fría que cuenta con precipitaciones más elevadas que los otros dos sectores. La parte desértica la caracterizan pequeñas montañas y veranos cálidos, en los que es habitual superar los 38°C. Allí la presencia de ovejas, ciervos y una gran variedad de roedores forma parte de la vida cotidiana. Por último, la zona montañosa se desarrolla al sur y al oeste de la región. Cuenta con abundantes recursos hídricos, como el Río Grande o el Colorado, que permitieron el desarrollo de la agricultura y de la pesca.

Los grupos Pueblo se asentaron en las regiones climáticas Dfb, BSk y Cfb, según la escala Köppen. La primera corresponde a un clima frío, con precipitaciones estables durante todo el año y veranos templados. La segunda se identifica con patrones semiáridos secos, cuya temperatura media anual es inferior a 18°C, mientras que la tercera representa ambientes marinos con inviernos templados y precipitaciones regulares.

Esta mezcla climática permitió numerosas formas de vida para las distintas comunidades. Esta circunstancia apuntala el hecho de que ac-

[7] *Hogan* cónico o masculino.

tualmente se la considera la zona de Norteamérica que ha estado habitada durante más tiempo de forma continuada. Los primeros pobladores llegaron hace aproximadamente diez mil años, cuando la caza giraba en torno al mamut, al bisonte gigante y a otras especies ya extintas. Hace unos seis mil años esta fauna fue sustituida por otra de menor tamaño y las plantas silvestres cobraron un protagonismo mayor en la alimentación. Finalmente, la revolución agrícola llegó dos mil años después con el cultivo de las *tres hermanas* (maíz, judías y calabazas) y el desarrollo de la cerámica. Este modo de vida obligaba a diseñar unas viviendas permanentes que, en un primer momento, fueron espacios semienterrados y circulares. Estos refugios debieron ser similares a las construcciones de los Thompson, de las que hablaremos posteriormente, pero, poco a poco, las viviendas comenzaron a diseñarse como bloques aterrazados.

En cuanto a la vegetación, las zonas montañosas se caracterizan por la presencia de espesos pinares, robledales y enebrales. La parte desértica cuenta con numerosas especies de cactus, arbustos como la artemisa, pastos como la festuca y árboles de porte medio como el mezquite.

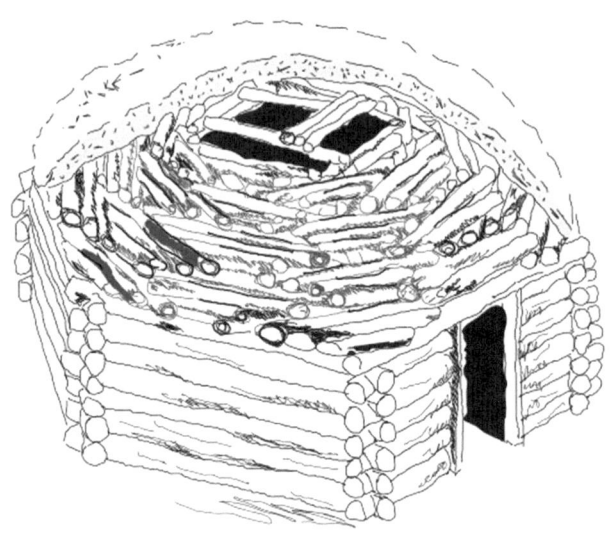

[8] *Hogan* cupular o femenino.

De esta forma, en esta región encontramos dos viviendas relevantes: el *hogan* y las viviendas aterrazadas, a las que aludíamos anteriormente, de las comunidades Pueblo.

Hermano del *tipi* a nivel morfológico, el *hogan* es el refugio diseñado por la tribu de los Navajos [Fig. 7]. Esta comunidad ocupa la zona meridional de las Grandes Planicies, en un clima ligeramente más benigno que el que tiene lugar en el centro, donde los Siux, los Crow o los Cheyenes construían sus *tipis*. De hecho, los Navajos podían alimentarse gracias a la horticultura y al pastoreo que practicaban en los valles de Nuevo México. Para aprovechar este clima utilizaban dos refugios: el *hogan* y una especie de pérgola de madera cubierta con ramas denominada *ramada*. El clima descrito permitía pasar gran parte del día al aire libre, pero la *ramada* era una buena opción para protegerse del sol.

Como indicábamos, la morfología del *hogan* y la del *tipi* son muy similares. Sin embargo, existen dos tipos de *hogan*. El *hogan* primitivo, cuyo diseño recuerda al del *tipi*, es una estructura cónica formada por cuatro postes de madera bifurcados y cubierta con ramas y tierra que cuenta con un pequeño pórtico de acceso. El *hogan* cupular [Fig. 8], o femenino,

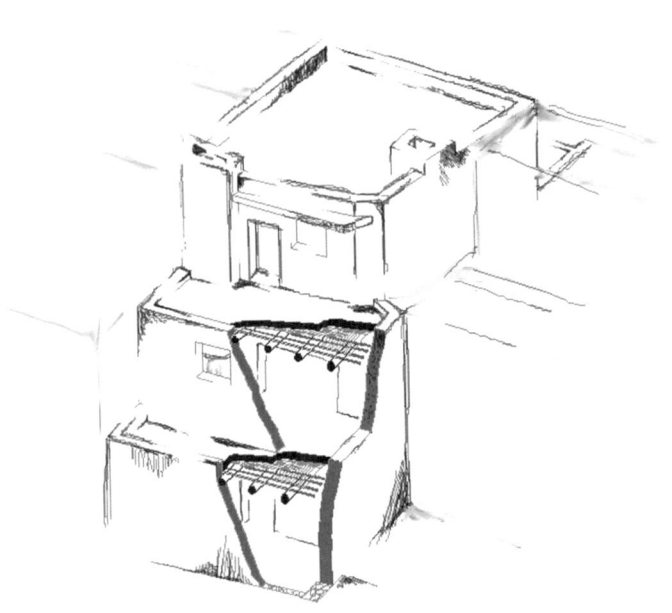

[9] *Acoma.*

se construía cuando la familia que habitaba el primitivo crecía y necesitaba más espacio. Consiste en una estructura de madera, con una falsa cúpula, que daba lugar a los muros de un octógono (este número de lados variaba a voluntad). Este sistema constructivo, versionado en ejemplos tan dispares como los chozos de los pastores castellanos o el tesoro de Atreo en Micenas, permitía que el espacio alcanzara una amplitud impensable para el *hogan* primitivo cuya estructura piramidal era imposible ampliar.

El modelo cónico cuenta con una superficie excavada en su interior, de unos setenta centímetros de profundidad, que protege la hoguera central de las corrientes de aire y que, a modo de asiento, aprovecha la estabilidad térmica del terreno para refrescar ligeramente el interior de la construcción.

Como habíamos afirmado, en esta región también podemos encontrar otras viviendas de gran relevancia: las construidas por las comunidades Pueblo [Fig. 9]. Asentados principalmente en el actual estado de Nuevo México, estos grupos organizaban sus construcciones siguiendo uno de estos dos esquemas: viviendas dispuestas en torno a una plaza (el caso de San Felipe) o situadas a lo largo de una calle principal (Santo Domingo). En algunos modelos se combinan ambos esquemas, como ocurre en Zia. El profesor Knowles centró sus estudios en Acoma, el *pueblo* que ha estado habitado desde más antiguo. Construido hace aproximadamente ochocientos años, despertó en el siglo XVI la admiración de Vázquez de Coronado y de sus compañeros y terminó dando lugar a la batalla que lleva su nombre. Organizado en tres calles y con una plaza principal, está formado por varias hileras de viviendas escalonadas construidas con madera y tapial.

El *pueblo* de Acoma está orientado hacia el sursureste, de tal forma que las viviendas quedan protegidas de los vientos del oeste y las zonas vivideras más cercanas al exterior reciben el calor del sol.

La fachada sur, la escalonada, está formada por varias terrazas, en las que los nativos podían colocar los productos recolectados para que se secaran, principalmente maíz. Así aprovechaban las corrientes ascendentes de aire caliente que recorrían esta parte de la vivienda. Es posible que esta idea tenga su origen en la leyenda que explica la fundación de este asentamiento. Cuenta la historia que la organización de Acoma fue diseñada por Iatiku, el dios creador en la cultura de los nativos Pueblo. Sin embargo, fue Corn Mother, responsable del origen del maíz, quien diseñó las viviendas. Para ello creó un modelo, una casa hecha con barro y madera que salió de la tierra. Su forma recordaba a la meseta y a los hogares que las deidades de las estaciones tenían en las montañas. Así, podemos plantear que esta leyenda contenga los conocimientos bioclimáticos que están presentes en las viviendas de adobe de Acoma y del resto de *pueblos*. Si la referencia formal de estas construcciones fueron las mesetas cercanas, es posible que también se tomara como base el funcionamiento de las corrientes convectivas que tienen lugar durante el día y la noche en este tipo de accidentes topográficos. Durante el día, la parte alta y la ladera se calientan; el aire caliente pesa menos que el frío acumulado durante la noche en la cima y tiende a subir (corriente anabática). En cambio, durante la noche esa masa de aire calentada durante el día se enfría y se dirige hacia el valle (corriente catabática). Este efecto es el que utilizaban los nativos para secar sus cultivos en las terrazas de sus viviendas y coincide con lo que pudieron haber observado en esas mesetas que los rodean y cuya contundencia paisajística es innegable. Como vemos, en este caso se integran completamente las estrategias relativas al emplazamiento y a la radiación solar, sin olvidar la posibilidad de que ese vínculo haya quedado reflejado para siempre en una leyenda fundamental para la comunidad Pueblo.

Con el objetivo de comprender mejor la relación entre el clima y el diseño de los refugios que analizábamos, hicimos uso en su día de la siguiente herramienta. Mediante un análisis conocido como *correspondencia canónica* [Fig. 10], utilizado en disciplinas como la botánica o la paleontología, es posible presentar los vínculos entre las características morfológicas de las viviendas tratadas anteriormente y los factores climáticos que más han influido en su diseño. Para leer estos diagramas debemos tener en cuenta que los valores situados de una forma más próxima son los que comparten más vínculos. Por ejemplo, en el caso de las viviendas de hierba (*grasshouses*, GH), encontramos que comparten características morfológicas con los *tipis* (T), ya que ambos son construcciones cónicas (O). Además, ambas construcciones comparten con el *hogan* (H) un alto factor de forma (F), propio de localizaciones con elevadas temperaturas ambientales (3). En cambio, se trata de una característica totalmente ajena a las *longhouses* (LH), ya que, como hemos comentado anteriormente, los Iroqueses que las construían se enfrentaban a inviernos duros y a una humedad ambiental eleva-

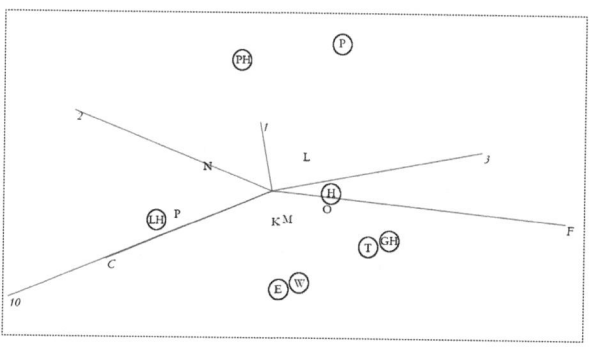

E Earthlodge   T Tipi   W Wigwam   P Pueblo

PH Plankhouse   LH Longhouse   GH Grasshouse   H Hogan

1 Velocidad del viento (m/s)
2 Precipitaciones (m/s)
3 Temperatura exterior media (°C)
10 Humedad exterior media (°C)
C Porcentaje de huecos (%)
F Factor de forma

K Presencia de una galería de entrada
L Presencia de varios niveles interiores
M Espacio cupular
N Espacio abovedado
O Espacio cónico
P Espacio ampliable

**[10] Análisis de correspondencia canónica.
Morfología y contexto climático.**

69

da (10). También podemos observar que los refugios dispuestos en varios niveles, como son el *hogan* y los *pueblos* de adobe, son característicos de esas zonas con altas temperaturas, mientras que, en los casos analizados, la presencia de grandes vanos está ligada tanto a bajas temperaturas (3) como a niveles de humedad elevados (10). En este caso, se trata de construcciones como la *longhouse*, para la que la ventilación es de gran importancia, tanto para evitar que su estructura se pudra por la humedad como para impedir que el humo se acumule en el interior. Como podemos ver en el gráfico, para estas viviendas, al igual que para las *plankhouses* de los Haida, el viento (1) y las precipitaciones (2) eran los principales problemas, circunstancias que los llevaron a optar por construcciones abovedadas (N).

Soleamiento

α = inclinación solar máxima en el solsticio de invierno en Nuevo Mexico = 31.47°
β = inclinación solar máxima en el solsticio de verano en Nuevo Mexico = 78.21°

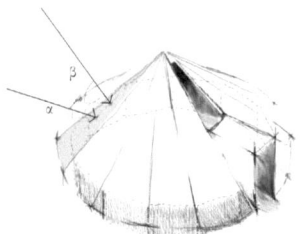

Hogan cónico

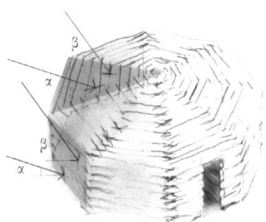

Hogan cupular

	Hogan cónico		*Hogan* cupular	
	Muro	Cubierta	Muro	Cubierta
Transmitancia térmica U (W/m² °K)	0.84	0.86	0.44	0.409
Superficie de cubierta plana e inclinada (m²)	30.39 m²		16.78 m²	
Superficie de muro (m²)	2.36 m²		23.92 m²	
Superficie inclinada (%)	92.79 %		41.22 %	
Superficie expuesta al aire libre (m²)	32.75 m²		40.7 m²	

[1] Soleamiento del *hogan*.

72

En el caso del *tipi*, a las ventajas que conllevaba la elección de un cono de eje inclinado como diseño de base debemos añadir otra más, relativa a la gestión de la radiación solar. A medida que avanza el día, la superficie sobre la que incide esta radiación avanza también hacia la verticalidad. Al contrario de lo que ocurre con los módulos solares actuales, en los que se busca que la radiación solar incida sobre ellos perpendicularmente durante la mayor cantidad de horas posible, la envolvente del *tipi* huye de ese ángulo. Busca de este modo evitar la radiación solar ortogonal que da lugar a las temperaturas más elevadas en la superficie sobre la que incide.

El *hogan* también lidia de una forma interesante con la radiación solar. La cubierta del modelo cupular tiene una inclinación mayor que la del cónico (que equivale a toda su envolvente) y sus muros son evidentemente perpendiculares al suelo [Fig. 1]. Al realizar los cálculos correspondientes, puede verse que este juego de superficies inclinadas, cada una con un área diferente, termina provocando que las temperaturas en invierno en el *hogan* cónico sean superiores a las que se pueden registrar en el *hogan* cupular, mientras que en verano son prácticamente iguales.

También en las viviendas de los nativos Pueblo tiene una gran relevancia el aspecto solar. Tal y como comprobó el profesor Ralph Knowles, la organización de estos asentamientos de adobe buscaba que las viviendas recibieran radiación durante todo el año [Fig. 2]. Las filas a lo largo de las que se situaban estaban lo suficientemente separadas como para que no proyectaran sombra unas sobre otras. Sin embargo, el retranqueo de las puertas protegía el interior de las viviendas de dicha radiación, impidiendo que los suelos de tierra acumularan el calor durante el día y lo emitieran por la noche. En invierno, la idea era la inversa. Los muros orientados al sur captaban el calor emitido por el sol, menos elevado en dicha época del año, y podían almacenar la radiación durante el día para emitir el calor durante la noche hacia el interior.

El color claro de la tierra que formaba la envolvente de estas construcciones también reducía la radiación solar que absorbía la envolvente. Su absortividad (aproximadamente de 0.4) era muy inferior a la de los otros refugios que estamos analizando, como podía ser la *earthlodge* (0.7) o la *plankhouse* (0.9), de tierra y madera respectivamente.

En todos los casos era importante tener en cuenta el diálogo entre la radiación solar y la dirección del

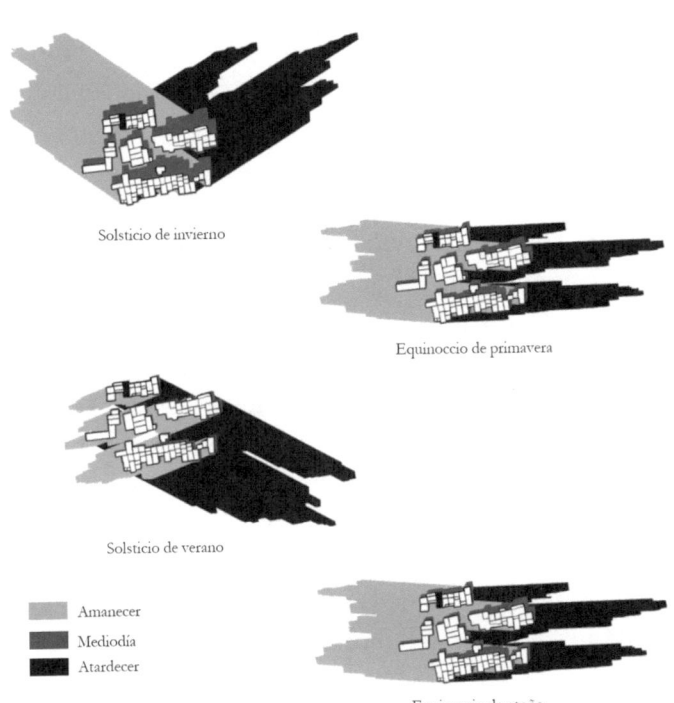

Solsticio de invierno

Equinoccio de primavera

Solsticio de verano

Amanecer
Mediodía
Atardecer

Equinoccio de otoño

[2] Soleamiento de Acoma.

viento. En el caso de Acoma, las dos estancias que cuentan con una fachada al sur reciben una gran cantidad de radiación solar, tanto en estos planos verticales como en el plano horizontal de la cubierta. Teniendo en cuenta que en verano, el viento proviene principalmente del sur, la ventilación cruzada con la cuentan ambas plantas era su salvación. De esta forma, el aire entraría a través de los vanos meridionales y saldría por las ventanas septentrionales. Es más, si nos fijamos, veremos que los huecos interiores, los que permiten este funcionamiento, no están alineados ni en planta ni en sección. De esta manera se consigue ralentizar la velocidad de estas corrientes de aire. Cuando el viento parara, estas dos estancias se convertirían en dos puntos de acumulación de calor. Por esta razón, la superior cuenta con un voladizo que protege la ventana y la fachada. Dicha ventana además se sitúa en la parte superior de la estancia, plano en el que se acumularía el calor. El funcionamiento de las chimeneas también respondía a un diseño meditado. Su tiro estaba rematado con piezas de alfarería, como tinajas o ánforas, que, al ser calentadas por el sol, ayudarían a crear esa diferencia de temperatura necesaria para ventilar la estancia, es decir, a crear las corrientes convectivas y a que funcionaran como una *chimenea solar*.

Ventilación

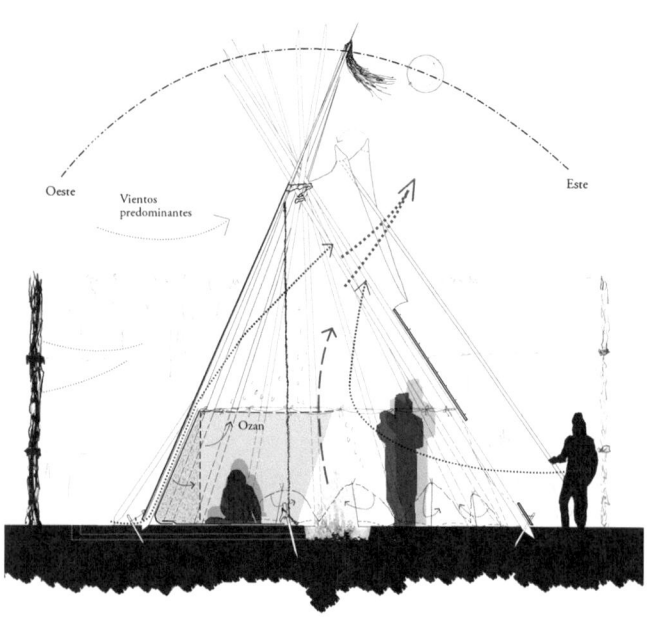

[1] *Tipi.*

Como indicábamos anteriormente, la hoguera se convirtió en un elemento fundamental para aquellos refugios primitivos y la ventilación adquirió un papel primordial.

Tomemos de nuevo el *tipi* [Fig. 1]. Observando esta tienda, podemos ver un sistema de ventilación basado en tres elementos: el acceso a la tienda y el humero, ambos dispuestos aproximadamente en el mismo plano, y la hoguera. Esta disposición puede entenderse como fortuita, mera consecuencia de colocar una envolvente de piel alrededor de su estructura de postes. Sin embargo, no lo estaríamos comprendiendo bien. Existen en América del Norte otros refugios nómadas, otros diseños como el *wigwam*, pero no cuentan con esta disposición. En esas construcciones el humero se encuentra en paralelo al suelo. En el *tipi* el humero está inclinado y se sitúa en el plano del acceso. Este hecho permite que el humo de la hoguera salga de la tienda al ser absorbido por el viento, haciendo uso de lo que conocemos como efecto Venturi. Si el humero se encontrara paralelo al suelo, como sucede con el *wigwam* construido por los Chippewa o con las *longhouses* de los Iroqueses, el humo no saldría tan fácilmente del refugio.

De esta forma, la hoguera pondrá el sistema en marcha. Calentará el aire, que tenderá a subir y que absorberá el humo de modo que el aire viciado saldrá del interior del *tipi*. No sólo eso. Este sistema se puede regular teniendo en cuenta que la velocidad de un fluido aumenta a medida que se reduce el área del orificio que atraviesa. El humero se cerraba y abría mediante unas solapas conectadas a unos postes que permitían manejarlas desde el suelo (la altura de un *tipi* podía llegar a los siete metros). La puerta consistía en una piel que obviamente se abría y cerraba a voluntad. De esta forma se podía acelerar o frenar la ventilación según lo requerido en cada momento.

Viendo la relevancia que tenía la hoguera en el diseño del *tipi*, no es de extrañar que Hassrick, autor de uno de los volúmenes de referencia sobre los Sioux, llegara a sentenciar que:

No nos equivocamos al decir que los indios de las Planicies vivían cómodamente en una chimenea durante el invierno y bajo una pérgola (ramada) en verano.[6]

Hagamos un inciso. Hemos hablado anteriormente del contenido bioclimático de las leyendas que explican el origen de los refugios construidos por los nativos. El *tipi* puede realizar otra aportación en este aspecto. Cuentan las creencias de los nativos que el dios creador pidió a su ayudante que cuidara al primer hombre y a la primera mujer que había creado. Al llegar el invierno los vio sufrir por el frío y supo que tenía que construirles un cobijo. La tradición afirma que tomó como referencia la forma de una hoja de un álamo para llevar a cabo esta tarea y diseñar el *tipi*. De ahí vendría la forma triangular de la tienda. Sin embargo, si observamos las hojas de estos árboles con más atención, veremos que su peciolo es llamativamente largo. Esta pieza permite a las hojas resistir los embates del viento, ya que, gracias a su flexibilidad y longitud, puede moverse al compás de esa fuerza adaptándose a ella y evitando la rotura. Es decir, las hojas de los álamos se mueven con el viento y se adaptan a él, no lo confrontan. Se puede encontrar una gran similitud entre este funcionamiento y el de una ventilación como la del *tipi*, diseñada para aprovechar las corrientes de aire, haciendo que absorban el aire del interior de la tienda de una forma calmada.

Además, la inclinación del humero permitía que el nudo formado por los extremos superiores de los postes no taponara esta abertura. De este modo,

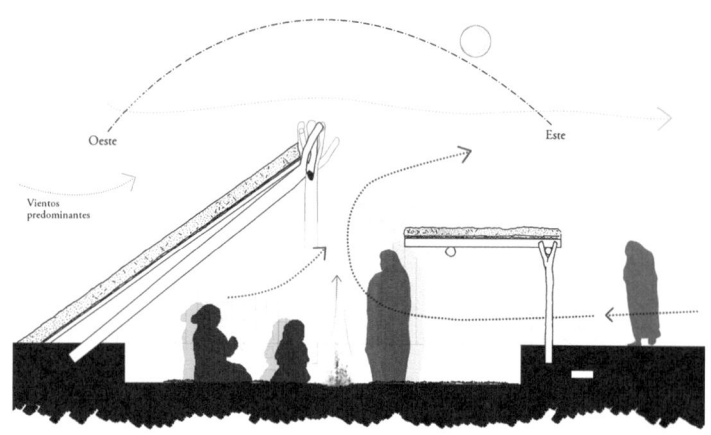

Oeste

Este

Vientos
predominantes

[2] *Hogan.*

82

el punto de cruce de todos los postes se sitúa en la parte superior del humero en vez de en el medio. Así, el humero tampoco queda centrado en planta. Gracias a esta desviación, la hoguera queda más cerca del acceso que del centro, de tal forma que se amplía el espacio trasero y se puede aprovechar mejor la superficie protegida por el *tipi*.

Aunque a primera vista pueda parecer igual, en el *hogan* la resolución del humero es diferente [Fig. 2]. A los Navajos no les importa la entrada de la lluvia o del sol en su refugio y no ven ninguna necesidad de cubrir el gran humero que aparece en la fachada de entrada. Aun así, volvemos a encontrar el mismo esquema, el mismo juego entre acceso y humero.

Hay una pequeña diferencia: ese pórtico de entrada que aparentemente carece de importancia. Este espacio, de menor altura que la sala principal, acelera la ventilación que, debido a las menores dimensiones del *hogan* con respecto al *tipi*, debía necesitar más impulso para ponerse en funcionamiento. La diferencia de presiones sería menor y este espacio debió adquirir una relevancia destacable. También podemos encontrarlo en las citadas *earthlodges* [Fig. 3], o viviendas de tierra, de los Hidatsa, los Arikara y los Mandan.

Vientos predominantes

Norte/Sur/Este

[3] *Earthlodge.*

84

Es posible que este elemento, la galería de entrada, tuviera la misma finalidad en todos estos refugios: acelerar la ventilación. Sin embargo, no podemos estar seguros, ya que las crónicas hablan de que estas galerías buscaban proteger a los ocupantes de las viviendas ante posibles enemigos, haciendo que entraran agachados y lentamente en los refugios. Nunca sabremos si el objetivo de esta pieza era acelerar la ventilación, pero, tal y como indicábamos al principio, la coherencia de estos proyectos nos demuestra que todas las decisiones conformaban un tejido perfectamente trabado, en el que las decisiones de diseño respondían a múltiples funciones.

Si lo Siux o los Crow regulaban la ventilación de sus *tipis* mediante el acceso a la tienda, un humero y la potencia de la hoguera, las tribus del Missouri utilizaban un esquema similar [ver figura 3], pero se servían de un elemento polivalente para cubrir su humero. Se trataba de una *bullboat*, que podría traducirse como «barca de piel de toro o bovino». Estaba formado por un entramado de arcos de madera que formaban una pequeña cúpula achatada, de unos dos metros de diámetro y unos noventa centímetros de profundidad. Una vez reforzado con varios círculos del mismo material, la cara convexa se cubría con una piel curtida. Así, acompañado por un remo, podía utilizarse como barca, de gran utilidad en un río navegable como es el Missouri, pero también servía para cubrir el humero cenital de estas *earthlodges*. En esta segunda función la piel que lo cubría se podía retirar parcial o totalmente, permitiendo la salida de humo y regulándola. De esta manera, un humero paralelo al suelo, como era el de estas viviendas de tierra, pasaba a contar con las ventajas de un sistema de extracción del aire dispuesto a favor del viento, al igual que el *tipi*. Si el viento cambiaba de dirección, bastaba con desplazar la piel de la *bullboat* para adaptarlo a la nueva situación.

Hay algunos documentos, como el libro titulado *Two little savages*, escrito e ilustrado por Seton en 1905, en los que se indica la posibilidad de que este elemento se incorporara a los *tipis*, colocado en el extremo superior de los postes, sobre el vértice del cono, con el objetivo de impedir que la lluvia cayera en los postes y se deslizara hasta el interior de la tienda. Algunos autores opinan que es imposible que se le diera este uso a la *bullboat*, ya que no se habría sostenido correctamente. Sea como fuere, buscando reminiscencias de este elemento circular y central en otros modelos, podemos hallarlas en algunas construcciones nómadas, como puede ser la *yurta* mongola, en la que ya adquiere una función estructural.

Algunas viviendas de tierra contaban sólo con un acceso cenital. Era el caso de las construidas por los Thompson, localizados en la meseta de la zona noroeste de Estados Unidos [Fig. 4].

Esta comunidad construía la denominada *pithouse*, tomando *pit* como reflejo de su carácter semienterrado.

Este refugio, de planta circular y semienterrada, contaba con una estructura de madera, de tres o cuatro apoyos, cubierta con ramas sobre las que se colocaban agujas de pino o hierba. En la zona más septentrional, a continuación, solía colocarse una capa de corteza. Finalmente, todo se cubría con tierra. Como puede verse en el esquema, la ventilación de este refugio debía ser bastante complicada, ya que, parece que sólo contaba con un vano, que, además, era paralelo al suelo. Sin embargo, se vería reforzada por la forma cónica de la cubierta que habría dirigido el humo hacia la salida, impidiendo así que éste quedara estancado en el refugio.

A medida que nos desplazamos al sur, las *pithouses* comienzan a perder este acceso cenital. Por ejemplo, la comunidad de los Shuswap añade una

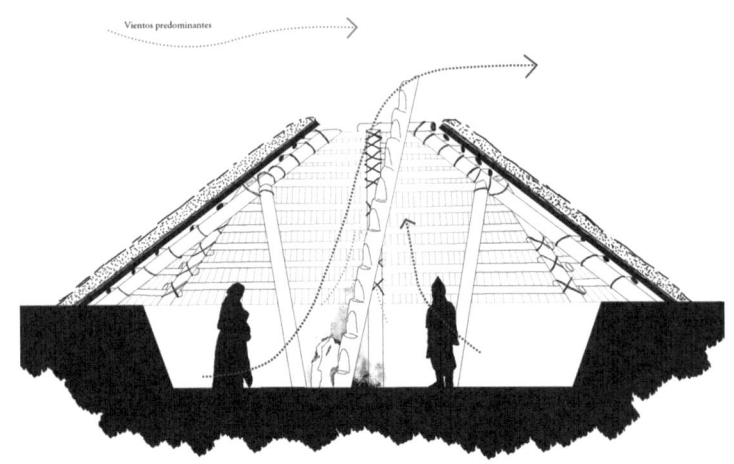

Vientos predominantes

[4] *Pithouse.*

galería de acceso orientada al sureste, mientras que otros grupos más meridionales optan por *pithouses* de planta rectangular y una única entrada situada en una de las fachadas laterales.

Este sistema está presente también en los refugios semienterrados del Ártico, *sodhouses* [Fig. 5]. En ellos la hoguera también refuerza la ventilación, absorbiendo una corriente que llega al interior del refugio después de pasar por un túnel de acceso. De esa forma, al pasar por esa galería, el aire se calienta ligeramente al mismo tiempo que el acceso descendente provoca que pierda velocidad.

Este funcionamiento es el mismo que el de los *iglúes* [Fig. 6]. En este caso el refugio cuenta con una galería a la que se accede mediante un espacio acodado, diseño que también ralentiza la velocidad del viento. En ambos casos la sala central cuenta con un humero, que, situado en la dirección del viento principal, permite que éste absorba el humo generado en el interior por las lámparas de aceite, los *qulliq*.

Hemos afirmado que esas galerías hacen descender la velocidad del viento, pero realmente todo va a depender de la gestión del humero y de la hoguera. De nuevo aparecen las tres piezas: acceso, hoguera y humero. La regulación de estos tres elemen-

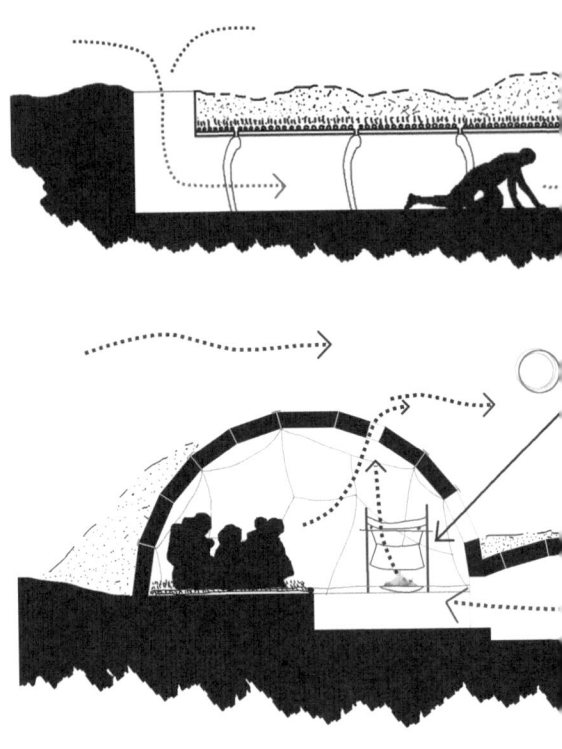

[5 y 6] *Sodhouse* e *Iglú.*

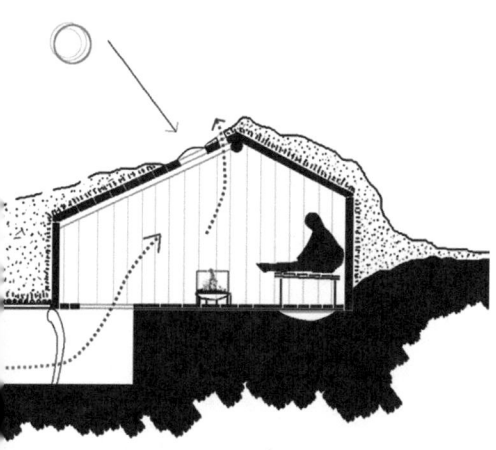

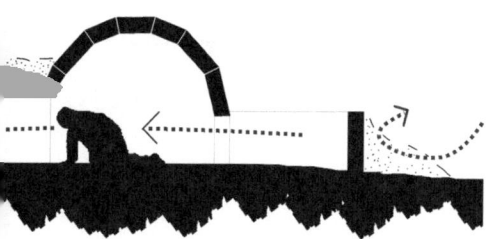

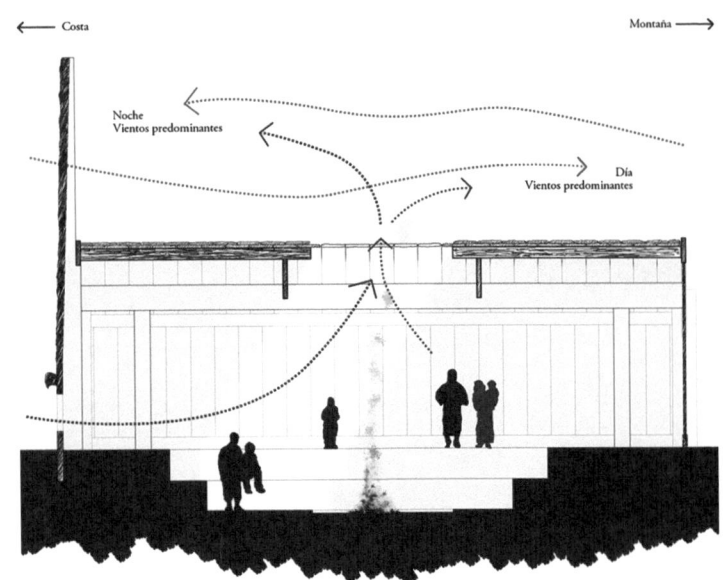

[7] *Plankhouse.*

tos provocará que la corriente de aire aumente su velocidad o la reduzca. Las decisiones que se tomen para con ellos dependerán de la velocidad inicial del viento, flujo de aire que absorberá a la corriente interior cuando salga de la tienda.

En las construcciones de los nativos americanos podemos observar otra forma de resolver el problema de la ventilación. Hay un grupo de refugios en los que es la envolvente la que permite que el espacio interior alcance un grado de habitabilidad aceptable. Entre ellas destaca la *plankhouse* (vivienda de listones de madera), construida por las comunidades pesqueras del noroeste, tal y como indicábamos en el apartado anterior [Fig. 7]. Conocidas popularmente por sus tótems y su ebanistería, diseñaron una vivienda que aprovechaba las corrientes oceánicas para evitar la humedad ambiental que ponía en peligro su estructura de madera. Estas construcciones, que contaban con una cubierta a dos aguas, propia de las zonas lluviosas, solían disponerse en hileras paralelas a la orilla del mar u océano y dejaban a su espalda densos bosques de cedros rojos. De esta manera, las corrientes, ascendentes durante el día y descendentes durante la noche, discurrían entre los tablones de madera secándolos a su paso y llevándose el humo consigo. Este sistema, como queda reflejado en el apartado anterior, es similar al utilizado por los nativos Pueblo en sus viviendas de adobe. Durante el día, la inercia térmica del mar hace que la tierra adquiera una temperatura superior y, así, el aire se dirige hacia el interior, hacia los bosques (corrientes anabáticas). En cambio, durante la noche el agua, que conserva el calor de la radiación solar que ha recibido durante todo el día, tiene una temperatura mayor y la dirección de las brisas se invierte (corrientes catabáticas).

De hecho, estas viviendas tenían una zona central excavada unos setenta y cinco centímetros. Allí, a mayor escala de lo que ocurría en el *hogan*, sus ocupantes podían sentarse y evitar las corrientes de aire descritas, al tiempo que encendían las hogueras (una por familia), sin miedo a que el aire las apagara. Para regular la salida del humo se desplazaban algunas placas de las que formaban la cubierta y se abrían tantos humeros como fueran necesarios. Toda la envolvente respiraba.

Es conocido el caso de un grupo de estudiantes que recrearon a escala natural una de estas viviendas buscando comprender mejor su proceso de construcción original y el modo de vida de sus antepasados. Ya habían terminado y encendieron una hoguera en su interior. Al parecer aquello se llenó de humo y se convirtió en un ambiente asfixiante. Andaba por allí cerca un anciano de una de estas comunidades que les comentó: «las juntas, el secreto está en las juntas».[7]

Efectivamente. No se trataba de que los tableros que formaban las fachadas estuvieran perfectamente cortados y alineados, sin dejar margen alguno entre ellos, sino de que las dimensiones de estas juntas debían ser las correctas para permitir el paso del aire y evitar que el interior de la vivienda se convirtiera en campo abierto para las inclemencias meteorológicas. Sin embargo, si estas juntas provocaban corrientes molestas, solían rellenarse con musgo.

El otro modelo que nos sirve de ejemplo para este tipo de envolventes es la citada *grasshouse* (vivienda de hierba), construida por los Wichita [Fig. 8]. Tal y como se comentaba anteriormente, la envolvente de estas viviendas estaba formada por una capa de hierba seca de unos treinta centímetros de espesor. Del mismo modo que ocurre en las *minkas* japonesas o en las *cottages* inglesas, las envolventes de los Wichita estaban pensadas para permitir la salida del humo de la hoguera, de nuevo situada en el centro del refugio.

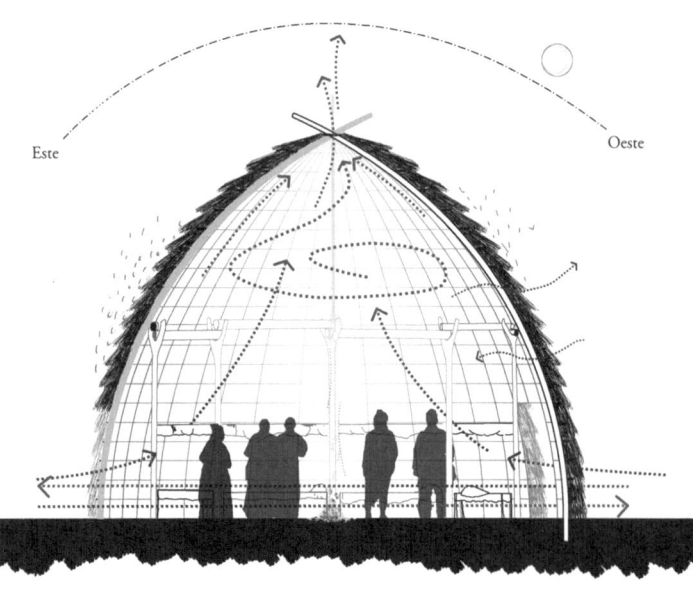

Este

Oeste

[8] *Grasshouse.*

No sólo esto. En esta región, el sureste de Estados Unidos, las lluvias no son frecuentes, pero sí abundantes en determinadas épocas del año, y es importante que las construcciones estén bien ventiladas, máxime si son de madera. Por esta razón, el diseño de esta envolvente es muy beneficioso, ya que la hierba permite el paso de las corrientes de aire que impiden que la humedad se acumule en su interior. Además, tal y como indicábamos al principio, el humo también sirve para eliminar insectos que pueden deteriorar seriamente una envolvente de hierba como la diseñada por estos miembros de la cultura Caddo. Todo este sistema se veía reforzado por los dos accesos con los que contaban las *grasshouses*, diametralmente opuestos. Situados a este y oeste, además de anunciar el comienzo y el final del día, servían para sacar provecho de la ventilación cruzada que facilitaría el descenso de las temperaturas interiores y la salida del humo.

Algunos historiadores indican que estas viviendas contaban además con una galería de entrada. Aluden a la presencia exclusivamente de una porque analizan restos arqueológicos de *grasshouses* en las que sólo había una entrada, pero quedémonos con la posible presencia de esta galería, en uno o en ambos accesos. Ya fuera marco de un acceso o de los dos, esta pieza habría funcionado como en las viviendas de tierra de los Hidatsa, es decir, acelerando la ventilación y potenciándola.

También debemos tener en cuenta la gran altura con la que contaban estas viviendas, que podían alcanzar los doce metros en el punto más elevado de la cúpula. Gracias a este diseño, el calor se distanciaba de la altura habitable sin necesidad de impulso alguno, dirigiéndose a la parte superior y creando un gradiente térmico que facilitaba la habitabilidad de estas construcciones.

Este uso de la hierba lo podemos encontrar en otros refugios situados en regiones de características similares. Con este hilo conductor podemos hermanar a los Wichita con los árabes de las marismas, sitos en la zona costera de la frontera que separa Irán de Irak. ¿Cómo construir en medio de unas marismas, donde sólo hay agua, fango y juncos de nimia resistencia estructural? Esta comunidad encontró la solución: aprovechar la resistencia a compresión paralela a sus fibras que ofrecen cientos de juncos unidos. Al agruparlos en vertical, se pueden formar pilares. Clavemos dos de estos grupos en el suelo, a una distancia equivalente a la longitud transversal deseada para la vivienda. A continuación, sus extremos superiores se atan y, una vez que tenemos un arco, tenemos una estructura. Así podemos construir varios de ellos a lo largo del eje longitudinal de la vivienda. Sobre nuestros arcos colocaremos nuestra envolvente de hierba. El entorno de humedad es obviamente similar al ambiente Wichita y la ventilación vuelve a ser imprescindible para impedir que las construcciones se pudran.

De nuevo, me gustaría pedir permiso para realizar un inciso. Esta idea, basada en construir con arcos atados, también podemos encontrarla en los bosques boreales de Canadá, donde los Inuit la adaptaron a sus recursos. Si tenemos un árbol, tenemos una estructura sólida. Si ese árbol tiene hojas, tenemos una envolvente. Un discurrir similar debió ser lo que se le pasó por la mente a algún Inuit que, tal y como indican Lee y Reinhardt, decidió curvar la rama de algún árbol para fijar su extremo libre en el suelo, configurando así un arco, un arco que además ya tenía su envolvente incorporada en forma de hojas. Curvando más ramas se obtenía un refugio completo dispuesto alrededor del tronco del árbol en cuestión.

En este grupo de envolventes que respiran debemos incluir también dos diseños que no destaca-

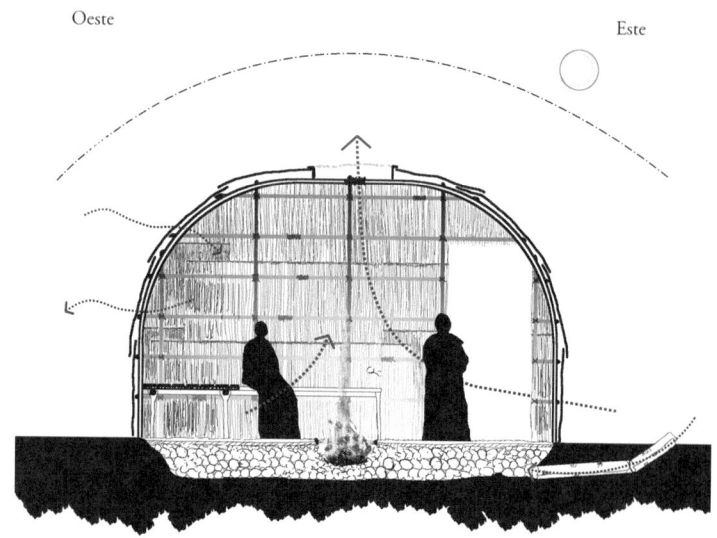

Oeste

Este

[9] *Wigwam.*

ban por su calidad en este aspecto. Se construían en la zona de los Grandes Lagos, entre Estados Unidos y Canadá, y es muy posible que uno sea la adaptación a otra escala del otro. Por un lado, nos volvemos a encontrar con el *wigwam*, del que hemos hablado hace algunas páginas [Fig. 9]. La solución para su envolvente contemplaba dos alternativas: esteras de juncos o láminas de corteza. Los Chippewa confeccionaban unas esteras de cuerdas y juncos que se adaptaban perfectamente a la forma cupular del *wigwam* y que, al ir superponiéndose, aumentaban su capacidad aislante. En la parte superior, si era necesario ventilar, se retiraba una de estas esteras y el humo podía salir. El mismo ejercicio se realizaba con las láminas de corteza. En ambos casos el inconveniente consistía en que el humero, como indicábamos anteriormente, era paralelo al suelo y esto impedía una ventilación ágil, ya que el viento podía taponar la extracción.

Sin embargo, Nabokov cita un ingenio que habría paliado este problema (Nabokov lo atribuye a los Chippewa y el matrimonio Laubin hace lo propio con los Crow). Al parecer, el suelo de algunos *wigwam* se excavaba ligeramente y se cubría con piedras. Este desnivel en el terreno se comunicaba con el exterior

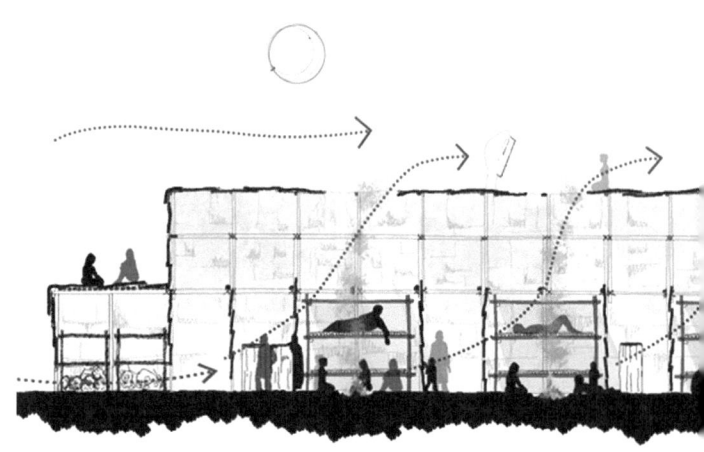

[10] *Longhouse* Iroquesa.

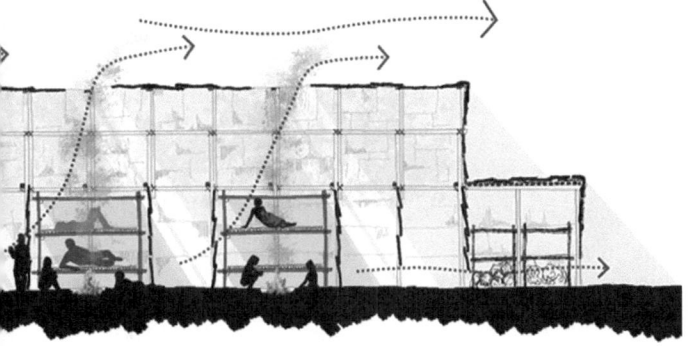

mediante una tubería subterránea hecha con corteza. Finalmente, sobre el encachado de piedras se encendía una hoguera. De este modo se conseguía avivar el fuego al facilitar el acceso del oxígeno desde el exterior a través de dicho conducto; se impedía, en la medida de lo posible, que el humo se acumulara y se generaba una especie de suelo radiante, formado por las piedras que absorbían y conservaban el calor del fuego. En los *tipis* parece que era habitual incorporar esta misma canaleta, que quedaba cubierta con ramas en vez de con tierra. Estas ramas funcionaban de forma similar a como lo habría hecho una rejilla, es decir, un elemento perforado que aumentaba el caudal de aire que accedía a la tienda.

Para analizar la forma en la que funcionaba la ventilación de las *longhouses* Iroquesas, podemos permitirnos el lujo de preguntarle al capitán John Smith, que en el año 1607 visitó al jefe Powathan, padre de la conocida, generalmente de forma superficial, Pocahonatas.

Según cuentan sus diarios, en aquella ocasión pudo contemplar un espacio lleno de humo y a nativos que sufrían grandes problemas de visión por culpa de la contaminación en el interior de estas viviendas [Fig. 10]. Los humeros de estas construc-

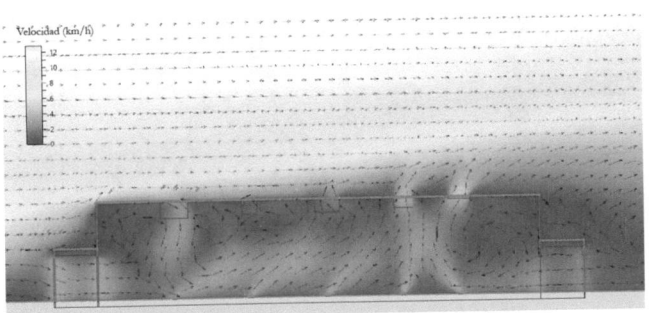

[11] Esquema CFD de la *longhouse* Iroquesa.

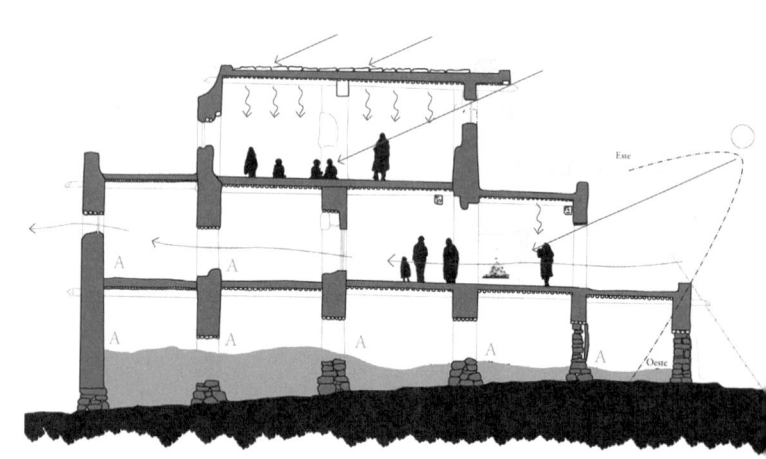

[12] *Acoma.*

ciones respondían al modelo de los *wigwam*: su envolvente estaba formada por placas de corteza que se retiraban de la zona situada sobre las hogueras, pero, como hemos comentado anteriormente, al ser un humero paralelo al suelo, el viento podía taponar la salida.

Como puede verse, el análisis de dinámica de fluidos corrobora el testimonio del capitán [Fig. 11].

En el caso de las viviendas de los Pueblo, la ventilación sólo podía producirse a través de las puertas, ya que las ventanas no eran practicables [Fig. 12]. Estaban construidas con láminas de yeso o mica encastradas en el muro, que apenas permitían el acceso de la luz, pero detenían las corrientes exteriores. Tal y como indicábamos anteriormente, otra de las soluciones constructivas más llamativas de estas viviendas la constituían los remates de las chimeneas, hechos con vasijas de barro a las que se les había retirado la parte inferior. Se apilaban creando así el camino de la chimenea. Estos elementos, al ser de barro, se calentarían con la radiación solar, creando una diferencia de temperaturas que ayudaría a mejorar la ventilación.

Materiales de construcción

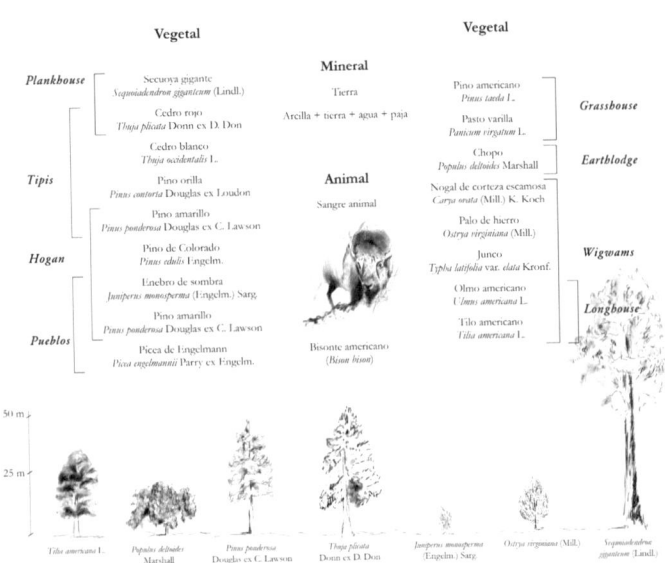

Refugio	Materiales	Difusividad ((m²/s) x 10⁷)	Efusividad (s^{1/2} W/m² °C)	Desfase de onda térmica (h)	Resistencia del cerramiento (m²K/W)	
					muro	cubierta
Wigwam	Esteras de juncos	32.11	49.52	0.32	0.47	0.44
Tipi	Piel de búfalo curtida	1.62	39.24	0.32	0.28¹	--
Hogan	Madera-corteza-tierra	0.14	860.40	16.94	-	1.15¹
Grasshouse	Hierba	0.24	102.93	16.62	7.17	7.14
Earthlodge	Madera-ramas-hierba-tepe invertido	0.41	548.26	16.04	2.92	2.88
Earthlodge - galería	Madera	0.17	290.61	5.58	1	0.97
Longhouse	Corteza	0.30	362.61	0.53	0.23	0.21
Pueblo - muro	Tapial	0.39	961.25	18.85	1	.
Pueblo - cubierta	Ramas-hierba-tierra	0.32	729.15	35.97	-	1.91
Plankhouse - muro	Madera	0.17	290.61	3.91	0.75	.
Plankhouse - cubierta	Cubierta	0.30	362.61	0.53	-	0.21

¹ Consideramos toda la envolvente del tipi como muro y toda la envolvente aérea del hogan como cubierta debido a su inclinación. Se trata de una decisión necesaria para realizar los cálculos, cuyo programa de cálculo entendía *muro* como plano inclinado más de 60° y *cubierta* como un plano cuya inclinación fuera inferior a esa cifra.

[1] Catálogo de materiales de construcción.

Una vez definida la estrategia de ventilación podemos comenzar a analizar los materiales con los que los nativos conseguían que ésta funcionara en cada caso [Fig. 1].

La construcción de estos refugios implicaba la colaboración de toda la comunidad. Además, era necesario acopiar materiales que podían necesitar años para ser útiles. En este proceso entran en juego una gran cantidad de rituales y prácticas religiosas, que nos sentimos incapaces de abordar, ya que entendemos que su complejidad los sitúa fuera de la capacidad de análisis y comprensión de un arquitecto sin formación específica.

Analicemos el caso, por ejemplo, de las *plankhouses* del noroeste de Estados Unidos y suroeste de Canadá. La construcción comenzaba con la tala de los troncos de cedros rojos.

Al no disponer de grandes herramientas, era necesario hacer uso del ingenio y desarrollar varios métodos para verlos caer. Uno de ellos consistía en anillarlos. Se colocaba una cuerda a su alrededor cuando eran árboles jóvenes y, a medida que iban creciendo, esa sección del tronco que había sido anillada dejaba de crecer, de tal forma que el árbol adulto caía con más facilidad. Así, con este método era posible que un nativo decidiera el material de construcción con el que se iba a construir el refugio de su hijo o su nieto. En otras ocasiones, se iban colocando piedras calientes en un hueco horadado con azadillas en la zona inferior del árbol para que parte de su sección se fuera reduciendo y de nuevo facilitara la tala del árbol. La zona cercana a este hueco se cubría con arcilla para evitar que las llamas se descontrolaran. Esta solución se utilizaba también en los humeros de las *earthlodges* que hemos visto anteriormente. Dicha parte de la vivienda se rodeaba con este material para evitar que la hierba de las cubiertas saliera ardiendo por alguna chispa.

La elección del cedro rojo no es casual. Es cierto que es una de las especies más abundantes de la región, pero no es menos cierto que sus características la convierten en ideal para la construcción en aquel ambiente. Se trata de una madera que contiene un aceite que la protege tanto del ataque de insectos como del deterioro por la humedad, tan presente en aquella región. Por esta razón se podía utilizar también para cubrir los suelos de las viviendas. Además, hablar de la madera como material de construcción de una forma genérica no se ajusta al conocimiento que los nativos tenían sobre la complejidad de la vegetación. Los Haida, una de las comunidades más representativas de la zona, fabricaban tablones de ese cedro rojo para los muros de sus viviendas, pero apartaban las láminas de corteza para construir las cubiertas. De esta manera aprovechaban la capacidad impermeable propia de esta parte del tronco. Sobre estas placas, como ocurre con las tejas en otras partes del planeta, colocaban piedras para que las láminas no salieran volando por la acción del viento.

Hasta tres días podían ser necesarios para talar uno de estos árboles y unos sesenta hombres para trasladarlo al poblado una vez que había caído y se le habían retirado las ramas y la sección sobrante. Para hacerlo llegar a la obra y salvar desniveles, se utilizaban tablones a modo de rampa y cuerdas hechas con las fibras de la cara interna de las láminas de corteza. Para moverlo en llano se hacía deslizar el tronco en cuestión sobre rodillos que se iban trasladando a la parte delantera a medida que la carga avanzaba. Al mismo tiempo se usaban postes para ir elevándolo ligeramente y que todo fuera un poquito más rápido. Mover un tronco de unos catorce metros de largo y noventa centímetros de ancho, como el pilar que impresionó a la investigadora Hillary Stewart durante su visita al poblado de Tanu, no era algo que pudiera hacerse fácilmente.

Si para trasladarlo era necesaria una gran fuerza, para elevar este tronco a la altura de una viga, a unos tres metros del suelo, eran necesarias palancas, cuerdas y otros postes que servían de rampas para guiar el tronco desde el suelo hasta el extremo superior de los pilares correspondientes.

Si el tronco iba a usarse para confeccionar la fachada, era necesario extraer los tablones. Puede parecer una tarea sencilla, pero lo cierto es que para ello se reservaba a los hombres más experimentados de la comunidad. Los extremos del tronco debían ser totalmente lisos y perpendiculares al eje longitudinal del tronco. A continuación, se iban clavando una serie de cuñas que, poco a poco, iban permitiendo extraer los tablones sucesivamente. Además de todas las ventajas descritas sobre el cedro rojo, es cierto que también facilitaba esta tarea, ya que, se cuenta entre las maderas más blandas de la región.

Los Haida tallaban estos tablones con una gran exactitud, para que se ajustaran a la vivienda de la que iban a formar parte, pero algunas comunidades no cuidaban tanto los suyos en este aspecto, ya que, estaban pensados para ser trasladados a sus otras viviendas cuando emigraban en verano o en invierno.

Para colocar los pilares en su destino también era necesaria mano de obra numerosa. Boas, de profesión antropólogo y explorador, afirma que se utilizaban hoyos que no equivalían a un cilindro completo, sino que tenían una mitad en forma de cilindro y otra mitad en rampa. El pilar se iba dejando caer poco a poco por esta rampa que terminaba en el fondo del hoyo para posteriormente, mediante cuerdas atadas a su extremo superior, llevarlo hasta la vertical. De este modo, quedaba clavado en su sitio.

Tal y como se indicaba anteriormente, las *plankhouses* se localizaban en enclaves costeros, en los que la humedad ambiental y la lluvia eran las protagonistas climáticas. Sin embargo, a estas circunstancias también se enfrentaban otras comunidades que escogían otros materiales para sus refugios. Es el caso de los citados Iroqueses, autores de las *longhouses*, y de los Chippewa, ocupantes habituales de los *wigwams*. En ambos casos se utilizaba la corteza de olmo aprovechando, como hacían los Haida, su impermeabilización natural para cubrir sus refugios. Los Chippewa, además, combinaban estas láminas con esteras de juncos, cuya fabricación detalla escrupulosamente Densmore en el documento que dedicó a este proceso. Una vez secos, los extremos de los juncos (un extremo de cada junco) se iban contrapeando a lo largo de una cuerda, de tal forma que al final quedaba una lámina que se adaptaba fácilmente a las superficies curvas del *wigwam*. Las esteras se iban colocando sobre la estructura del refugio superponiéndose con el objetivo de alcanzar mayor grosor y aprovechar al máximo el aislamiento que proporcionaban las cámaras de aire contenidas en los juncos [Fig. 2]. Al mismo tiempo, los pequeños canales que surgían entre los juncos facilitaban la evacuación del agua de lluvia, evitando que ésta se acumulara en la envolvente (el mismo efecto que se conseguía en las *grasshouses* de los Wichita, cuyas cañas de hierba también canalizaban el agua de lluvia). Estas esteras podían cubrir toda la estructura o solamente su parte inferior, a modo de zócalo, mientras que la parte superior se cubría con corteza, combinando así ambos materiales y aprovechando lo mejor de cada uno.

Por su parte, los Iroqueses solían utilizar corteza de olmo. Se trata de una de las maderas más resistentes al agua de las que podemos encontrar en la región, junto con la de *tsuga* y pícea, semejantes a las de las coníferas europeas con la que se fabricaron gran parte de los pilotes que sostienen Venecia. La

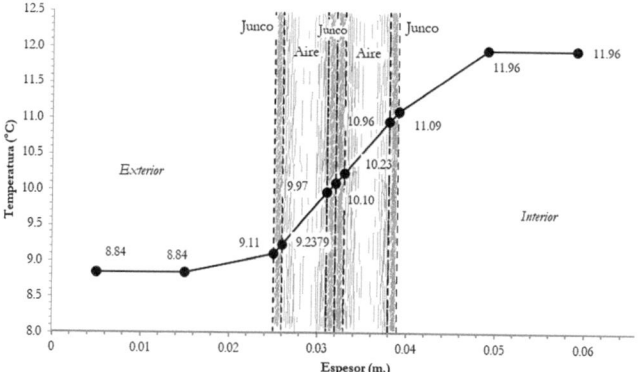

[2] Diagrama de Glasser de una de las envolventes de los *wigwams*.

madera de olmo también cuenta con el módulo de rotura más elevado de la región, es decir, es la que más resiste antes de romperse [Fig. 3]. Ambas propiedades la convertían en idónea para la estructura de la *longhouse*, abovedada y lidiando siempre con la humedad ambiental.

Además, las estrías de las láminas de corteza permitían que el agua de lluvia llegara fácilmente al suelo. Por otro lado, se trataba de un material ligero, rasgo de gran utilidad, ya que era necesario moverlo fácilmente para abrir los humeros de las *longhouses*, del mismo modo que era imprescindible elevarlo a unos cinco metros sobre el suelo para cubrir la bóveda de cañón. Por otro lado, las celdillas de aire que componen este material lo convierten en un buen aislante térmico, cuya conductividad (0,2 W/m°K) es superior a la de los habituales utilizados actualmente, pero muy inferior a la de los otros materiales disponibles en la región. Como alternativa, se habrían podido utilizar tablones de madera, por ejemplo, cuya conductividad es menor, pero habría sido necesario prescindir del resto de ventajas ofrecidas por la corteza de olmo.

Finalmente, este material tenía otra ventaja añadida, y es que, al igual que la madera, no ab-

	Nombre común	Módulo de rotura (MPa)[1]	Módulo de elasticidad (GPa)[2]
Ulmus americana L.	Olmo americano, olmo blando, olmo de agua	81.4	9.24
Tsuga canadensis (L.) Carrière	*Tsuga* oriental, *tsuga* canadiense	61.4	8.28
Picea rubens Sarg.	Picea roja, pícea de Adirondack	66	10.76
Quercus borealis F. Michx	Roble rojo	99.2	12.14
Betula lutea var. *alleghaniensis* (Britton) Rehder	Abedul amarillo	114.5	13.86
Carya ovata (Mill.) K.Koch	Nogal del noreste	139.3	14.9
Tilia americana L.	Tilo americano	60	10,07
Ostrya virginiana (Mill.) K.Koch	Palo de hierro	97,2	11,72

[1] Los valores más elevados corresponden a las maderas que soportan más carga antes de romperse.
[2] Los valores más altos corresponden a las maderas que más pueden deformarse conservando la capacidad de volver a su estado original.

[3] Propiedades mecánicas de los árboles disponibles en la región de los Grandes Lagos, lugar de construcción de *wigwams* y *longhouses* Iroquesas.

sorbía el calor generado por las hogueras. Permitía calentar muy rápidamente el interior de las viviendas, que también se enfriaría muy rápidamente, ya que su inercia térmica es muy reducida. Una vez que las hogueras se apagaban, el calor se disipaba muy rápidamente. Así, los Iroqueses iban disponiendo en los laterales de la vivienda, a lo largo del pasillo central, las literas en las que dormían. Estas estructuras se cerraban con pieles, creando una especie de cabinas que llegaron a ser comparadas con los cubículos de un tren. De esta manera el volumen de aire a calentar se reducía y, al menos, el calor generado por la ocupación no se perdería tan fácilmente.

Como si pertenecieran a un mundo diferente, las tribus de las Grandes Planicies cubrían sus *tipis* con una envolvente que solía estar formada por alrededor de una docena de pieles de búfalo curtidas. Estas pieles debían disponerse siempre de tal forma que la parte trasera del búfalo quedara en la parte trasera e inferior de la tienda, es decir, la parte delantera del búfalo debía situarse lo más próxima a la entrada como fuera posible. Para curtir estas pieles era necesario ser mujer y haber comprado a otra nativa el secreto y el derecho para hacerlo. El proceso a seguir difiere según la tribu, pero sus pasos principales eran los siguientes. En primer lugar, la piel se sumergía en agua durante algunos días, hasta que el pelo pudiera retirarse fácilmente. A continuación, se rigidizaba en un bastidor o en el suelo mediante unas piquetas. Se retiraba el pelo y se raspaba con un hueso afilado para dejarla secar. Por último, se impermeabilizaba. Para conseguirlo se ahumaba. Según algunos autores, este objetivo se conseguía en un paso anterior en el que la piel se cubría con sesos de búfalos o arces. El resultado final tenía que ser una piel que resistiera la lluvia y la radiación solar, y cuya flexibilidad permitiera su adaptación a la estructura de los *tipis* [Fig. 4].

Gracias a esta envolvente, el *tipi* adquiría una capacidad de adaptación formidable. Si era necesario incrementar la ventilación por las altas temperaturas, la parte inferior de la envolvente podía elevarse con pequeñas piquetas, dejando así unas aberturas en el perímetro de la tienda. Si la meteorología lo permitía, se podía retirar parcialmente y dejar colocada sólo la parte necesaria para proyectar sombra. De nuevo, las estrategias bioclimáticas se diluyen con lo que hoy denominaríamos *conceptos contenidos en el proyecto*, es decir, su parte abstracta, ya

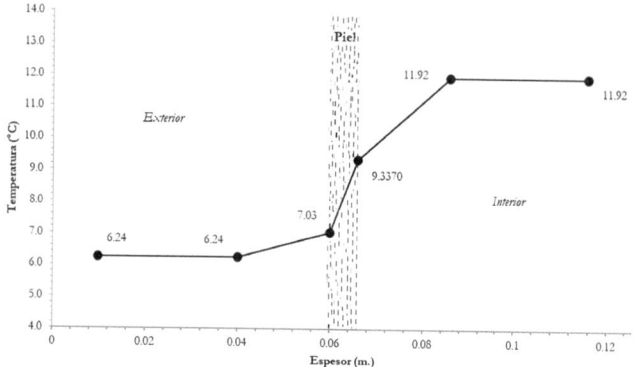

[4] Diagrama de Glasser de una
de las envolventes de los *tipis*.

que, si hay un rasgo que identifique a las culturas nómadas es su capacidad para diluir fronteras.

La lluvia también influía en la talla de los postes de estas tiendas. Era muy importante que fueran lo más lisos posible, de tal forma que las gotas de lluvia que caían sobre sus extremos superiores pudieran deslizarse sin interrupción a lo largo de estos elementos hasta llegar al suelo. De esta manera, nunca caerían al suelo ni terminarían embarrando el interior de las tiendas.

Los ingenios contenidos en los *tipis* no terminan aquí. Tal y como comentábamos en la introducción, cuando llegaba el frío, los nativos añadían una segunda capa aislante a su envolvente. Mientras que los Hidatsa solían colocar pieles en paralelo a la cara interior de la envolvente, el resto de tribus utilizaba un revestimiento interior, una piel que, a modo de zócalo, se ataba a los postes y recorría todo el interior. Otra de sus funciones era impedir la creación de condensaciones. Entre la envolvente exterior y este elemento se colocaba una masa de hierba seca que fácilmente conseguía que la temperatura interior de la tienda aumentara un par de grados. También era habitual atar sólo a los postes su límite superior, de tal forma que este revestimiento quedaba en vertical

123

con respecto al suelo. De esta manera, se reducía el espacio en el interior del *tipi*, pero también se conseguía reducir el volumen de aire a calentar. Incluso se han documentado testimonios que hablan de la utilización de ambos revestimientos al mismo tiempo cuando el invierno era especialmente duro. La cámara de aire que quedaba entre la envolvente y el primer revestimiento, el paralelo a dicha envolvente, se llenaba con hierba o heno y la cámara que quedaba entre dicho revestimiento y el vertical se utilizaba para guardar enseres.

Este elemento, este zócalo no sólo tenía una función bioclimática. Se trataba de una piel curtida en la que las comunidades dibujaban las aventuras que habían vivido sus mejores representantes, las batallas con tribus enemigas y las cacerías dignas de ser recordadas. Así los más pequeños tenían presentes las hazañas de sus antepasados, referentes inmutables de valentía y honestidad, y los mayores se veían arropados por tiempos pasados que, como suele ocurrir, habían sido mejores que los presentes.

También utilizaban un elemento que prolongaba este revestimiento hasta convertirlo en horizontal. A modo de falso techo y con una forma semicircular, se colocaba a unos dos metros del suelo y reducía todavía más el aire a calentar. Se trataba del *ozan*. En los años cincuenta del siglo XX su uso ya era residual. Al principio debió consistir en algo similar a *un tipi en el interior de otro tipi*. Posteriormente se incorporó al revestimiento descrito anteriormente y ya formaba con él una sola pieza. Es posible que sólo lo utilizaran los Siux, pero no se puede afirmar con certeza.

Si el calor era excesivo, se colocaban ramas de sauce, álamo o pino sobre la parte sur u oeste de la envolvente para aumentar el aislamiento. También se disponían troncos o piedras en la parte inferior de la envolvente para evitar que las corrientes de aire entraran en la tienda. En algunos casos se construía un *tipi* secundario, de menor tamaño, para que sirviera de cocina y sacar así el calor de la tienda principal.

La mejora del aislamiento era un objetivo también durante las nevadas. Para conseguirlo, los nativos acumulaban este elemento en el perímetro de la tienda, aumentando el grosor de la envolvente y evitando las infiltraciones de aire. Sin embargo, era necesario tener cuidado, ya que existía la posibilidad de que la acumulación de nieve fuera tal que el acceso del aire a la tienda quedara anulado, dando lugar a un problema para la salud de sus ocupantes.

Este uso de la nieve se lleva a cabo de la misma forma en los *iglúes*, aprovechando su acumulación en el perímetro de la estructura para aumentar su capacidad aislante.

A semejanza de los habitantes de las Grandes Planicies, los Inuit también colocaban un revestimiento interior de pieles en sus *iglúes*, con el objetivo de generar una cámara de aire que aumentara la capacidad aislante de los bloques de hielo que formaban su envolvente. Ese elemento, además, servía para impedir que el calor de las lámparas derritiera la estructura de hielo.

Entre el calor emitido por estas lámparas, talladas en esteatita, y el frío del exterior existía un juego de equilibrios para derretir o solidificar la cúpula de nieve que el explorador Steffanson describió de la siguiente forma. Durante una de sus expediciones al Ártico, alguien encendió una estufa en el interior del *iglú* en el que se guarecían:

Había una gran cantidad de nieve derritiéndose detrás de la estufa y, de hecho, todo el interior estaría derritiéndose en mayor o menor medida. Pero tal y como la nieve se iba convirtiendo en agua, se empezaba

a entrever el hielo seco situado en la cara exterior [...]. En la parte superior ocurría lo mismo, de tal forma que los bloques de cuatro pulgadas de grosor se habían derretido hasta alcanzar las dos pulgadas aproximadamente.[8] En esos momentos, la cubierta estaba húmeda y ya era un buen conductor de calor, [...]. Esto proporcionaba la oportunidad al frío exterior de entrar en el refugio y encontrarse con el calor del interior, parando el proceso de derretimiento al convertir los bloques de nieve húmedos en hielo. Así, el grosor de la cubierta quedaba automáticamente regulado. Se derretía progresivamente hasta que se alcanzaba un equilibrio entre el frío exterior y el calor interior.[9]

Este juego de temperaturas, que consolidaba la estructura del *iglú*, se unía a la estabilidad que proporcionaba su construcción en espiral, gracias a que no era necesaria la utilización de andamios. Pero sigamos con la confortabilidad de este refugio. Morfológicamente se trataba de un espacio cupular al que se accedía recorriendo una galería situada a un nivel menor y cuyo acceso se disponía en forma de codo. De esta manera se conseguían dos objetivos: el acodamiento lograba que las corrientes de aire exterior se ralentizaran, al tiempo que la disposición en varios niveles ascendentes hacía que el aire caliente se concentrara en el espacio más elevado, el cupular. Tal y como indican Lee y Reinhardt en su estudio sobre arquitectura esquimal, los *iglúes* solían estar conectados entre ellos mediante galerías subterráneas que facilitaban la ventilación exterior. Así que la ventilación podía depender de numerosos factores, tantos como lámparas de esteatita encendidas, vanos y accesos formaran el conjunto.

Los recursos no eran abundantes en el Ártico y, aunque lo fueran, nunca debían ser desperdiciados. Los Inuit contaban con esas lámparas de esteatita alimentadas con grasa de algún animal para iluminar el interior de sus refugios, pero era imprescindible encontrar una solución que evitara, o al menos redujera, este gasto. Por esta razón, se abría otro hueco en la cúpula, cercano al de ventilación, por el que entraba la luz. Era necesario cubrirlo con algún elemento que permitiera el paso de ésta y los Inuit encontraron dos sustitutos para nuestros vidrios. Por un lado, podían fabricar una lámina de hielo situando una capa de agua entre pieles de foca hasta que se congelara, como era el caso de la comunidad de los Netchillirmiut. Por otro, podían optar por utilizar intestinos de foca. Este elemento adquiría al secarse un aspecto similar al del papel y permitía el paso de la luz.

Sin lugar a duda, una de las ventajas del *iglú* a nivel medioambiental es su capacidad para desaparecer sin dañar el lugar en el que se construyó. A medida que va acercándose la primavera, es inevitable que se derrita y es en ese periodo en el que los Inuit comienzan a adaptarlo al verano, dando lugar al habitual *qarmaq*. Poco a poco la cúpula va desapareciendo y al mismo tiempo estos nativos van construyendo en su interior una estructura de postes cubierta con pieles, que va llenando los vacíos que deja el hielo derretido. Durante algunas semanas conviven ambas construcciones y dan lugar a un híbrido de gran utilidad: muros compuestos por los restos de la cúpula que no cesa en derretirse y cubierta formada por esas pieles que anuncian la nueva temporada de caza. Estas pieles se colocaban de forma diferente dependiendo de la meteorología. Si llovía, su cara exterior, la que estaba cubierta por pelo, se colocaba hacia el interior. En cambio, si el frío era el mayor escollo, se buscaba el aislamiento añadido que proporcionaba esa capa de pelo y esta cara se disponía hacia el exterior.

Sin embargo, no todas las viviendas construidas por los nativos norteamericanos contaban con la misma capacidad de adaptación, ya que, era posible que el modo de vida de alguna comunidad no la requiriera. Era el caso de los grupos Pueblo, situados principalmente, como indicábamos anteriormente, en Nuevo México. Sus viviendas de tapial se concatenaban evitando así la radiación solar en sus medianeras, al tiempo que impedían la pérdida de calor invernal o nocturno. Estas comunidades practicaban lo que se denominaba *nomadismo vertical*, es decir, en verano vivían en las estancias inferiores de las viviendas y en invierno, en las superiores. Esta práctica es habitual en el mundo árabe, donde a este tipo de desplazamientos se le suma el *nomadismo horizontal*, según el cual las estancias habitadas varían a lo largo del día en una misma planta, en busca de los lugares más frescos.

Las viviendas de adobe construidas por los Pueblo contaban con una solución bioclimática que también estaba presente en los refugios de tierra de los Hidatsa y en los *hogan* de los Navajos. La capa interior de estas envolventes estaba formada por listones de madera, elementos que evitaban que el calor generado por la ocupación y por las hogueras fuera absorbido por la capa de tierra que las remataba por el exterior. Esto mismo ocurría en las viviendas de los Pueblo, cuyos techos entraban en contacto con el aire de la estancia mediante una capa de madera. Y el mismo efecto lo podemos encontrar en las construcciones medievales europeas. Era habitual en invierno cubrir las paredes de las habitaciones más frías con tapices o con sarga buscando el mismo objetivo: impedir que la piedra absorbiera el calor generado por las hogueras y hogares. En cambio, la capa exterior de tierra, con una densidad y una conductividad mayores, aporta la inercia térmica al conjunto, almacenando el calor proporcionado por la radiación solar [Fig. 5]. En consecuencia, la tierra aporta estabilidad térmica a la construcción y la madera evita que el calor se pierda.

Estas comunidades utilizaban la tierra para construir los elementos murarios, como el tapial o el adobe, asentados sobre una cimentación de piedras. Dicha cimentación llegaba a convertirse en zócalo para proteger los muros de la capilaridad y de las salpicaduras de la lluvia. Las cubiertas, en cambio, estaban formadas por varias capas: vigas de madera (normalmente de cedro), rastreles del mismo material, esteras de sauce o yuca y una capa de tierra de unos quince centímetros de espesor.

Los suelos eran de tierra y se endurecían con pisadas y agua, a la que a veces se añadía sangre de animal que hacía de sellante. El enlucido de los muros estaba compuesto por una mezcla de yeso y estiércol cocidos, mientras que la arcilla amarilla se utilizaba para cubrir los zócalos, evitando así que se ensuciaran.

Con el objetivo de evitar que el agua se acumulara en las cubiertas, los Zuni y los Acoma colocaban un pequeño peto perimetral que además protegía los puntos en los que sobresalían las vigas. Este peto estaba perforado por unos rebosaderos hechos con restos de cerámica, morteros o calabazas. En el punto en el que caía el agua, bien en un piso inferior bien en la calle, se colocaban piedras que amortiguaban el impacto del agua.

La envolvente del *hogan*, el refugio de los Navajos, estaba compuesta por tres capas: tierra en el exterior, corteza en la mitad y madera (ramas) en el interior [Fig. 6]. La capa de corteza de cedro servía de nuevo como impermeabilizante y evitaba que el agua filtrada por la tierra alcanzara la madera y la pudriera. También se trataba de un elemento resis-

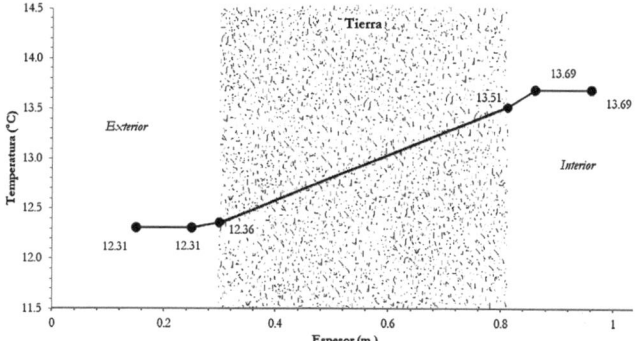

[5] Diagrama de Glasser de los muros que forman la envolvente de la vivienda número 3 de Acoma.

tente al ataque de los insectos, rasgo que también beneficiaba a la capa interior de ramas. Querríamos dejar constancia brevemente de que tan beneficiosa era la corteza de cedro que los nativos solían confeccionar con ella capas, similares a nuestros chubasqueros, para protegerse de la lluvia.

El elemento de tierra también podemos encontrarlo en algunos vestigios arqueológicos de las *grasshouses* de los Wichita. Algunos estudios indican que pudo haber variantes de este modelo en las que se incluyera un muro perimetral, es decir, sobre este muro, de unos dos metros de altura, se habría dispuesto una cubierta de hierba, cupular y apuntada, similar al modelo original. Los restos encontrados de estos muros indican que habrían estado formados por bajareque, sistema constructivo habitual en otros modelos de Norteamérica, como es el caso de la vivienda maya de planta ovalada. La idea es la siguiente. Se disponen en vertical una serie de postes a lo largo del desarrollo del muro, separados aproximadamente medio metro. A continuación, se van entrelazando entre estos postes ramas en horizontal, a modo de trabajo de cestería. Una vez que la estructura está completa, se cubre todo con una mezcla de barro y paja.

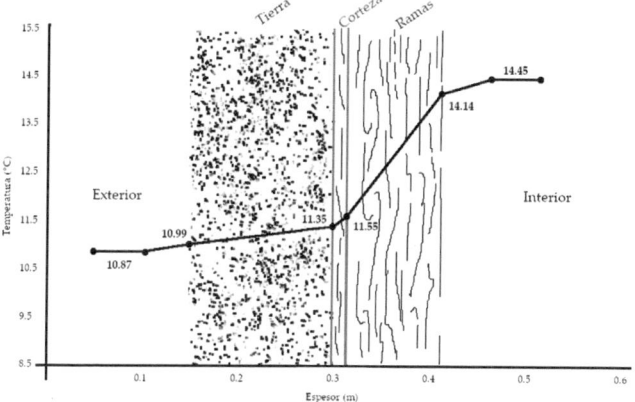

**[6] Diagrama de Glasser de la
envolvente de un *hogan* cónico.**

Esta decisión de diseño estaría indicando una disposición a la sedentarización y, a nivel bioclimático, a evitar la entrada de corrientes de aire en la altura habitable. Descartamos la opción de que se consiguiera mejorar la capacidad aislante de la envolvente porque la resistencia térmica de la capa de hierba debía rondar los $7m^{2\circ}K/W$ mientras que la de bajareque apenas supera la unidad.

La vivienda de tierra de los Hidatsa tenía una envolvente similar [Fig. 7]. Estaba compuesta por tierra en el exterior, hierba seca y ramas en la cara interior. Una vez colocada la tierra, se solían disponer en vertical una serie de postes alrededor del plano inferior de la envolvente, apoyados en el suelo y reclinados sobre esa capa de tierra. Estos elementos se distanciaban un par de metros y su extremo superior estaba bifurcado. Esta bifurcación servía para colocar sobre ellos una hilera de postes que, a modo de vigas de atado, culminaban esta pequeña estructura de pilares y vigas añadidos con el objetivo de consolidar la capa de tierra.

En este caso, la tierra se incorporaba a la envolvente en forma de secciones de tepe. Estas piezas, extraídas directamente del terreno y formadas por la tierra propiamente dicha y la hierba todavía enrai-

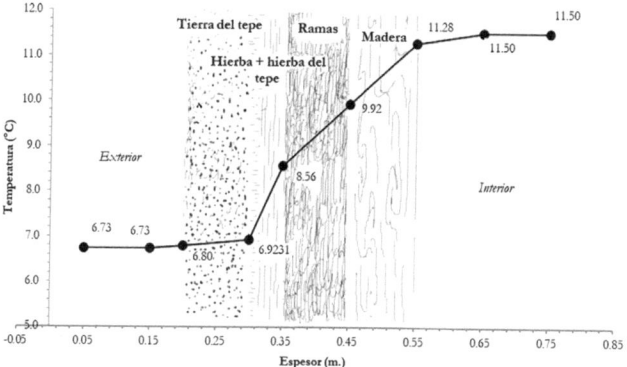

[7] Diagrama de Glasser de la
envolvente de una *earthlodge*.

zada, se disponían boca abajo sobre esa última capa de hierba seca. De este modo, el tepe aumentaba la capacidad aislante de esa hierba seca y la sección impermeabilizante de la envolvente. Además, las raíces contenidas en el tepe cohesionaban la tierra evitando que se desmenuzara al ser colocada o con el paso del tiempo.

Al igual que en nuestro análisis del emplazamiento, la correspondencia canónica nos permite presentar gráficamente los vínculos que relacionan la morfología de los refugios, sus materiales de construcción y el contexto climático en el que se construyeron. Tal y como aparece en la gráfica adjunta [Fig. 8], en el caso de las viviendas analizadas, las envolventes de mayor transmitancia térmica (J) son aquéllas situadas en las regiones que cuentan con un nivel de humedad ambiental (10) más elevado, como las *longhouses* Iroquesas o las *plankhouses* Haida. Sin embargo, la efusividad de estas envolventes es de las más reducidas del grupo. Esto significa que son espacios que pierden y ganan calor muy rápidamente, ya que sus envolventes lo transmiten con facilidad y no tienen capacidad para almacenarlo. Cuentan exclusivamente con una capa de corteza de árbol en el primer caso, y con una capa de listones de madera en el segundo. La ventilación es primordial en ambos casos debido a la elevada humedad (10), circunstancia que también hace poco aconsejable las envolventes multicapa con los materiales disponibles.

También podemos observar que la difusividad (H) es también elevada en la envolvente de esteras (W) del *wigwam* (W) y reducida en el caso del *tipi* (T) y de la *grasshouse* (GH). Gracias a esta característica, el espacio interior del primero se calentará rápidamente, aprovechando así al máximo la escasa radiación solar de la zona de los Grandes Lagos, mientras que la temperatura subirá lentamente en las localizaciones de los segundos, situados en zonas cálidas.

Como también nos muestra esta gráfica, las altas efusividades (I) están relacionadas con zonas en las que el viento alcanza velocidades elevadas (1), donde son frecuentes los espacios cupulares (M) y abovedados (N), así como su distribución interior en varios niveles (L). Este diseño nos está describiendo un ambiente en el que las envolventes tienen una gran capacidad para almacenar calor, pero una capacidad reducida para transmitirlo (J), es decir, una elevada inercia térmica. Se trata de los refugios de adobe, como los *pueblos*, o simplemente de tierra,

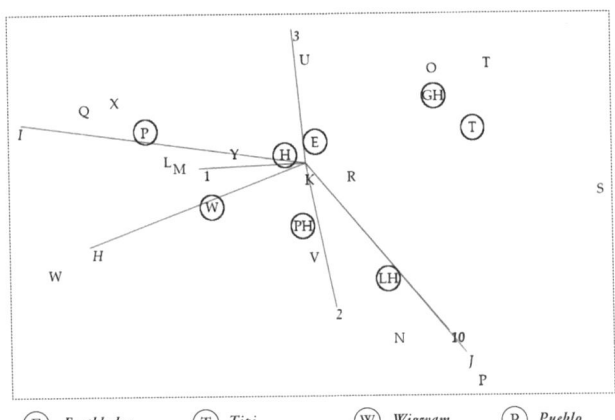

(E)	Earthlodge	(T)	Tipi	(W)	Wigwam	(P)	Pueblo
(PH)	Plankhouse	(LH)	Longhouse	(GH)	Grasshouse	(H)	Hogan

1	Velocidad del viento (m/s)	O	Espacio cónico
2	Precipitaciones (m/s)	P	Espacio ampliable
3	Temperatura exterior media (°C)	Q	Estructura de tierra
10	Humedad exterior media (°C)	R	Estructura de madera
H	Difusividad del muro $((m^2/s) \times 10^6)$	S	Envolvente de pieles
I	Efusividad del muro $(s^{1/2}\ W/m^2\ °C)$	T	Envolvente de hierba
J	Transmitancia del muro $(W/m^2°K)$	U	Envolvente de tepe
K	Presencia de galería de entrada	V	Envolvente de corteza
L	Presencia de varios niveles en el interior	W	Envolvente de esteras
M	Espacio cupular	X	Envolvente de tierra
N	Espacio abovedado	Y	Envolvente de madera

[8] Análisis de correspondencia canónica. Morfología, materiales de construcción y contexto climático.

como las *earthlodges* o los *hogan* Navajos. El viento hará necesario utilizar materiales contundentes y formas aerodinámicas, como las cúpulas o las bóvedas, e incluso aterrazadas, como los diseños de los *pueblos* de Nuevo México. Además, estas corrientes de aire apoyarán el funcionamiento de las corrientes catabáticas y anabáticas descritas en apartados anteriores y, no menos importante, el de la ventilación cruzada. Como hemos visto, esta última es esencial para conseguir un ambiente saludable en el interior de las viviendas debido al uso habitual de las hogueras. Además, la disposición del espacio en varios niveles refuerza la calidad de esa ventilación, ya que, el gradiente de temperaturas que genera esta distribución irá acompañado de las correspondientes corrientes convectivas.

Epílogo

[1] *Tipi*.

Como hemos podido ver a lo largo de este pequeño análisis, los refugios construidos por los nativos
americanos contenían gran parte de las estrategias
bioclimáticas que utilizamos a día de hoy e, incluso,
algunas que han quedado olvidadas.

Si nos paramos a analizar los refugios nómadas,
podemos ver en ellos todos los elementos que confi-
guran nuestras viviendas. Es más, si los utilizamos, si
usamos la arquitectura, tal y como hacía el profesor
Paul Oliver, para comprender una cultura o una so-
ciedad, podremos observar el siguiente proceso.

Los elementos que constituían cualquiera de
los refugios nómadas o seminómadas que hemos
analizado, como la envolvente, el humero o la hoguera, se han ido fragmentando. A medida que nos apro-
ximamos a las viviendas sedentarias, la envolvente
continua de las tiendas, ésa que no se interrumpía
entre la horizontal y la vertical, comienza a transformarse en varios elementos, es decir, en suelos, muros
y cubiertas. Al mismo tiempo las capas que los integraban se multiplicaron y pasaron de ser una piel o
una estera, a estar formadas por la superposición de
madera, corteza y tierra. Por su parte, el humero, que
permitía la salida del aire viciado y la entrada de luz,
pasó a ser nuestras chimeneas y nuestras ventanas.

Del mismo modo, la hoguera que iluminaba, calenta-
ba y cocinaba pasó a ser nuestras bombillas, nuestra
calefacción y nuestros fogones. ¿Y a nivel espacial?
Ocurrió exactamente lo mismo. El espacio se frag-
mentó tanto en planta como en sección y, tal y como
supo ver Mumford, las actividades que tenían lugar
en esos refugios nómadas o seminómadas fueron
reclamando su propio espacio (cocinas, dormitorios,
ayuntamientos, templos, viviendas...).

Este cambio refleja lo que ocurrió a nivel social
a lo largo de los siglos, es decir, la especialización de
las clases sociales y de los oficios.

Sin embargo, debemos tener en cuenta que
este proceso no surgió repentinamente. Si nos remitimos a la información que nos han dejado los nómadas americanos sobre su concepción del mundo,
podemos ver que no contemplaban un límite claro
entre el hombre y la naturaleza [Fig. 1]. Mucho menos entendían que el hombre tuviera un valor superior a cualquier otro elemento. Todas las piezas
que componían su entorno formaban parte de una
máquina, una máquina en la que no sobraba nada y
en la que todos los elementos entrelazaban sus funciones, al igual que ocurría, tal y como hemos visto,
con los componentes de sus refugios y las estrate-

gias bioclimáticas que hemos presentado. De este modo, el hombre tenía el mismo valor que un arroyo, el sauce el mismo valor que un prado o que un olmo, y el sol el mismo valor que un hombre. Todos estaban en igualdad de condiciones, pero cada uno tenía sus capacidades y sus limitaciones. Es decir, en ese mundo nómada, en el que los límites no tenían cabida, todos eran iguales, pero era necesario asumir que también eran diferentes, y es ahí donde podemos entrever la especialización que se consolidará con la sedentarización.

A nivel material, la tierra, la madera y la piel curtida tenían distintas capacidades y, a nivel espacial, un taller de trabajo, un altar o una cocina reclaman distintos espacios, tal y como lo hace cada uno de los individuos que integra una comunidad a medida que ésta se acerca al sedentarismo. Si en las viviendas nómadas el espacio se compartimenta mediante pieles o telas móviles con el objetivo de conseguir una mínima intimidad, esas particiones se convierten en permanentes en las viviendas sedentarias, hasta llegar a la actual atomización espacial, cuando la estancia en la que nos encontramos queda reducida a la pantalla de nuestros dispositivos electrónicos.

A lo largo de este proceso, ¿qué ocurrió con las estrategias bioclimáticas? En paralelo a lo ya descrito, el hombre buscó eliminar las limitaciones impuestas por la naturaleza. Tomemos prestadas algunas conclusiones proporcionadas por los historiadores y es que, del mismo modo que el hombre consiguió domesticar el campo mediante la agricultura e hizo lo propio con la fauna mediante el pastoreo, en la arquitectura parece que ocurrió un proceso semejante. Le pido, estimado lector, un último favor. Imaginemos que un edificio es una máquina de climatización. Entendamos un edificio como un elemento que por sí mismo, sin electricidad, sin bombas de calor, tiene la capacidad de alterar la temperatura y la humedad del espacio que contiene. Por tanto, esta máquina-edificio tiene una potencia, la necesaria para conseguir la temperatura y la humedad situadas en el interior de dicho edificio. Así las cosas, tomando como base la investigación que llevamos a cabo sobre los refugios construidos por los nativos norteamericanos, sus correspondientes resultados nos llevan a afirmar que los refugios más cercanos al nomadismo tenían más potencia que los construidos por las comunidades más sedentarias. Sólo en el último escalón analizado, es decir, el de las viviendas de adobe de los nativos

Pueblo, parece revertirse este proceso ligeramente. Quizás fue el hecho de que la agricultura y la ganadería proporcionaran unos recursos estables, lo que llevó al hombre a olvidarse de su entorno también a la hora de diseñar sus refugios. ¿Es posible que se priorizara otro tipo de factores, como la seguridad o la posición social? Puede que sea suficiente con pararnos a observar nuestras propias construcciones, cuyo diseño se ha ido homogeneizando, dando la espalda a los condicionantes ambientes (olvidando o malinterpretando la Carta de Atenas), para terminar generando ciudades y arquitecturas que, como supo ver Miguel Delibes, riman entre sí cualesquiera sean las urbes o construcciones que comparemos.

Quizás habría sido de esperar que la fiabilidad en la obtención de los recursos y esa estabilidad que el hombre consiguió al optar por el sedentarismo, sacrificando la libertad que le proporcionaba el nomadismo, hubieran proporcionado el contexto necesario para exprimir el ingenio y conseguir mejores resultados en todos los campos. Quizás simplemente tengamos una irremediable tendencia a olvidarnos de nuestras limitaciones en épocas de bonanza, y el olvido en el que parecen caer cíclicamente las estrategias bioclimáticas pasivas sea un reflejo de ello.

Notas

1   MUMFORD, Lewis. *La ciudad en la historia: sus orígenes, transformaciones y perspectivas.* Logroño: Pepitas de calabaza, 2014, pp. 19-20.

2   «At night the tipi glows in the dark like a great Japanese lantern. When no lining is in use, the shadows of those inside loom large against its sides. When the lining is in place, the top of the tipi shines brightly above it, leaving a ghostly half-light below». LAUBIN, Reginald y LAUBIN, Gladys. *Indian tipi: its history, construction, and use.* University of Oklahoma Press, 1985, p. 117.

3   «The glow of lamplight from a qarmaq settlement at night, he notes, was 'one of the most beautiful sights I have ever witnessed. Could one imagine the Lilliputs living in flat candy jars with drumhead covers, he would have a fair miniature representation of an ice village'». REINHARDT, Gregory A.; TOOYAK JR., Andrew y LEE, Molly. *Eskimo architecture: dwelling and structure in the early historic period.* University of Alaska Press, 2003; SCHWATKA, Frederick. 'The igloo of the Innuit'. *Science*, vol. 2, n. 29, 1884, p. 216.

4   Esta clasificación fue establecida en 1884 por Wladimir Köppen y actualizada por Rudolf Geiger en 1961. Dicho método adjudica entre dos y tres letras a cada región climática, según su temperatura media y su nivel de precipitaciones. Esta primera letra funcionará de la siguiente manera: A si es un clima ecuatorial, B si

es un clima árido, C si es templado, D si es frío, y E si es polar. A continuación, se indica el nivel de precipitaciones: W si es propio de los desiertos, S si lo es de las estepas, F si es muy húmedo, S si los veranos son secos, W si lo son los inviernos y M si se trata de una región monzónica. Por último, se indican las temperaturas: H para un clima árido caluroso, K para un ambiente árido frío, A para veranos calurosos, B para veranos templados, C en el caso de que los veranos sean fríos, D para los climas extremadamente fríos, E para el hielo polar y T para la tundra polar.

5 «[...] et la ville bien ramassée, laissans neantmoins vne grande espace vuide entre les Cabanes et les murailles, pour pouuoir mieux combattre et se deffendre contre les ennemis qui les attaqueroient sans laisser de faire des sorties aux occasions». SAGARD, Gabriel. *Le grand voyage du pays des Hurons: situé en l'Amerique vers la Mer douce, és derniers confins de la Nouuelle France, dite Canada*. París: Chez Denys Moreav, 1632, p. 116.

6 «It is, therefore, no misstatement to say that the Plains Indian comfortably lived within a chimney during the winter and under a parasol during the summer». HASSRICK, Royal B. *The Sioux; life and customs of a warrior society*. Norman: University of Oklahoma Press, 1964, p. 213.

7 «[...] But they kept a good circulation of air in the house, as modern Indians have found. Some of them recently built a house in the old style but with up-to-date methods and, of course, they made the wall tight. Their house was terribly smoky and they wondered what secret the old people had for providing air currents. It took a very of Indian to tel them: 'Why, it was the cracks. With enough cracks, you have fine circulation of air'. Old people

remember that the cracks had other uses [...] ». UNDERHILL, Ruth. *Indians of the Pacific Northwest*. Washington, D.C.: Education Division of the U.S. Office of Indian Affairs, 1944, p. 84.

8 4 pulgadas = 10,16 centímetros; 2 pulgadas = 5,08 centímetros.

9 «But as the snow was gradually turned into water, it was soaked blotter-fashion into the dry snow outside of it. In the roof this process continued until the four-inch blocks had been thawed down to perhaps two inches. [...] This gave the intense cold outside a chance to penetrate in and meet the heat from the interior, stopping the thawing and turning the damp snow blocks into ice. Thus, the thickness of the roof is automatically regulated». STEFANSSON, Vilhjalmur. *Hunters of the great North*. Nueva York: Harcourt, Brace and Company, 1922, p. 159.

Glosario

Acoma: Uno de los asentamientos de adobe construidos en la zona de Nuevo México. Se considera el que ha estado habitado desde más antiguo, aproximadamente desde el siglo XIII.

Earthlodge: Refugio construido por los Mandan, los Hidatsa y los Arikara a orillas del río Missouri. Construcción de planta circular, con una pequeña galería de entrada. Su estructura estaba formada por madera y su envolvente contenía principalmente tierra.

Grasshouse: Refugio construido por los Wichita, localizados entre Oklahoma, Texas y Kansas. Envolvente de hierba y estructura formada principalmente por varios arcos de madera que daban lugar una cúpula apuntada.

Hogan: Refugio construido por los Navajos en el sur de Estados Unidos, entre Utah, Arizona y Nuevo México. Construcción cónica de madera cubierta con tierra y de una sola estancia.

Iglú: Término utilizado por los Inuits para hacer referencia a sus casas. Constaban de una estructura cupular y helicoidal de bloques de nieve.

Longhouse: Refugio de la comunidad Iroquesa, situada alrededor de los lagos Ontario y Erié. Constaba de una serie de pórticos de madera que, dispuestos a lo largo de un eje longitudinal, formaban un espacio abovedado. Su envolvente estaba compuesta por placas de corteza de olmo.

[1] Ramada.

Pithouse: Refugio construido por comunidades como los Thompson, cerca de la costa oriental canadiense. Contaba con una zona central semienterrada y solía estar cubierto con una estructura cónica de madera y tierra. Una de sus variantes también fue utilizada en la zona de Nuevo México por sus primeros habitantes.

Plankhouse: Refugio de listones de madera. Tipo de construcción utilizado en la costa oriental canadiense y estadounidense por varios grupos de nativos. Eran construcciones de planta rectangular y cubierta a dos aguas.

Pueblo: Término que puede aludir tanto a la cultura homónima, como a la comunidad que la desarrolló, y a sus asentamientos de adobe y tapial, construidos en Nuevo México.

Qarmaq: Varios tipos de las viviendas construidas por los Inuit en el Ártico central. Su parte inferior estaba formada por bloques de nieve o piedra, y la parte superior se configuraba con pieles.

Ramada: Estructura ligera, construida habitualmente por los Navajos, que, a modo de pérgola de madera cubierta con ramas, servía para que la tribu pudiera estar al aire libre protegida del sol [Fig. 1].

Sodhouse: Refugio construido por los Thule, antecesores de los Inuit, en la zona del Ártico. Formado por huesos de ballena, piedra, musgo, tierra y tepe, constaba de una sala cuadrada principal y una galería de entrada.

Tipi: Tienda formada por una estructura de postes y una envolvente compuesta por alrededor de una docena de pieles de búfalo curtidas. Era habitual entre las tribus nómadas de las Grandes Planicies.

Yacimientos arqueológicos

A continuación, presentamos las localizaciones en las que podemos, o podíamos, encontrar los ocho refugios que han articulado la presente publicación. Algunas de ellas, como los *pueblos* de adobe, continúan en pie a día de hoy. Otras, como las de las *earthlodges*, están formadas principalmente por restos arqueológicos, o los *tipis* y *wigwams*, cuya huella suele haber quedado reducida a un círculo de piedras en el suelo. Indicamos también la zona climática en la que se situaba cada uno de estos refugios.

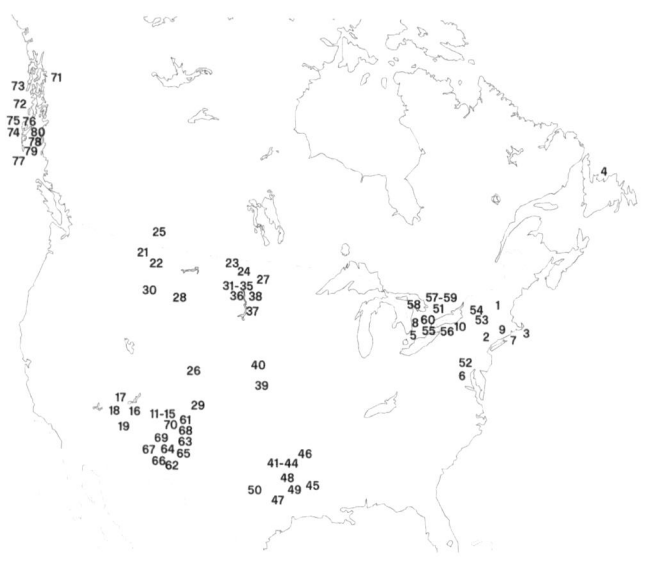

Localización de los yacimientos

Refugio	Nombre del yacimiento o asentamiento	Coordenadas	Localización	Zona climática Köppen
Wigwam				
1	Skitchewaug site	43.273636; -72.427604°	Vermont	Dfb
2	Site 230-3-1, Wappinger Creek	41.673235; -73.755273°	Nueva York	Dfa / Cfa
3	Salt Pond Archaeological Site	41.408869; -71.501687°	Rhode Island	Cfb / Cfa
4	Boyd's Cove	49.457414; -54.621769°	Terranova y Labrador	Dfb
5	Bellamy	42.603001; -82.079742°	Ontario	Dfb
6	Pig Point	38.792692; -76.704808°	Maryland	Cfa
7	Pequot Fort	41.361785; -71.975429°	Connecticut	Cfb / Cfa
8	Figura Site	43.062120; -81.809844°	Ontario	Dfb
9	Vivienda documentadas por Ezra Stiles	41.353203; -72.224473°	Connecticut	Cfb / Cfa
10	Kipp Island	42.994695; -76.726242°	Nueva York	Dfb
Hogan				
11	Navajo Reservoir District-LA 3021	36.904885; -107.605660°	Nuevo México	Dfb
12	Navajo Reservoir District-LA 3460	36.807082; -107.596735°	Nuevo México	BSk
13	Bist-star BS-511 (43-2)	36.196848; -107.641384°	Nuevo México	BSk
14	Gobernador Canyon LA1869	36.708019; -107.508716°	Nuevo México	BSk
15	Chaco Canyon CM-4	35.986709; -107.804434°	Nuevo México	BSk
16	Kayenta	36.681971; -110.259048°	Arizona	BSk
17	Rainbow Lodge	37.001922; -110.891141°	Utah	BSk
18	Cedar Ridge	36.442147; -111.570459°	Arizona	BSk
19	Tuba City	36.112302; -111.233528°	Arizona	BWk
20	Window Rock	35.680573; -109.052593°	Arizona	BSk
Tipi				
21	Greasewood Creek 486	48.704108; -113.102990°	Montana	Dfb
22	Spring Lake 584	48.567110; -112.633597°	Montana	BSk
23	Souris River 32RV416	48.864973; -101.860634°	Dakota del Norte	Dfb
24	Souris River 32RV419	48.657388; -101.700986°	Dakota del Norte	Dfb
25	The Cranford Site	49.837566; -112.322364°	Alberta	Dfb /BSk
26	Indian Mountain site 5BL876	40.262155; -105.250827°	Colorado	BSk
27	Sheyenne River 32SH205	47.708229; -100.453576°	Dakota del Norte	Dfb
28	Demijohn Flats 24CB736	45.065375; -108.396151°	Montana	BSk
29	Pinon Canyon Maneuver Site-Training Area 7	37.461564; -104.017815°	Colorado	BSk
30	Pilgrim Site 24BW675	46.288544; -111.573841°	Montana	BSk

Refugio	Nombre del yacimiento o asentamiento	Coordenadas	Localización	Zona climática Köppen
Earthlodge				
31	Hidatsa Village	47.361561; 47.361561°	Dakota del Norte	Dfb
32	Awatixa Village	47.339485; -101.382573°	Dakota del Norte	Dfb
33	Awatixa Xi'e Village	47.334526; -101.382936°	Dakota del Norte	Dfb
34	Rooptahee	47.313792; -101.339610°	Dakota del Norte	Dfb
35	Like-a-fishhook 32ML2	47.513227; -101.819794°	Dakota del Norte	Dfb/Dwb
36	On-a-Slant Village 32MO26	46.767664; -100.848390°	Dakota del Norte	Dfb
37	Arikara Battle 1823 T20N S25 R30E	45.672465; -100.360498°	Dakota del Sur	Dfa
38	Huff site 32M011	46.618149; -100.642116°	Dakota del Norte	Dfb
39	Kansas Monument site 14RP1	39.899999; -97.877597°	Kansas	Dfa/Cfa
40	Fullerton 25NC7	41.374102; -97.945870°	Nebraska	Dfa
Grasshouse				
41	Clement site 38Mc8	34.068720; -94.916889°	Oklahoma	Cfa
42	Sanders site	33.829876; -95.846515°	Texas	Cfa
43	Hill Farm site 41BW169 (Hatchel)	33.548042; -94.125285°	Texas	Cfa
44	Roseborough Lake site	33.572708; -94.185699°	Texas	Cfa
45	McLelland site 16B0236	32.261070; -93.483632°	Luisiana	Cfa
46	Caddo Indian Burial Ground Norman 3MN386	34.451653; -93.678511°	Arkansas	Cfa
47	George C. Davis site 41CE19	31.596480; -95.150589°	Texas	Cfa
48	Walker Creek project Pilgrim's Pride site 41CP304	33.065496; -94.946271°	Texas	Cfa
49	Pine Tree Mound 41HS15	32.456890; -94.419542°	Texas	Cfa
50	Vinson site 41LT1	31.748464; -96.532703°	Texas	Cfa
Longhouse				
51	Mantle site (AlGt-334)	43.963187; -79.237328°	Ontario	Dfb
52	Strickler site (36La3)	39.979208; -76.459985°	Pensilvania	Cfa
53	Klock site	43.002309; -74.572175°	Nueva York	Dfb
54	Garoga site	43.015976; -74.532467°	Nueva York	Dfb
55	Norton site (AfHh-86)	42.975461; -81.273274°	Ontario	Dfb
56	Lawson site (AgHh-1)	43.013431; -81.303740°	Ontario	Dfb
57	Wiacek site (BeGw-26)	44.335025; -79.685165°	Ontario	Dfb
58	Nodwell site (bChI-3)	44.444813; -81.397385°	Ontario	Dfb
59	Baumann site (BdGv-14)	44.653566; -79.565499°	Ontario	Dfb
60	Myers Road site (AiHb-13)	43.339019; -80.309243°	Ontario	Dfb

Refugio	Nombre del yacimiento o asentamiento	Coordenadas	Localización	Zona climática Köppen
Pueblo				
61	Taos	36.407101; -105.573093°	Nuevo México	Dfb
62	Isleta	34.907705; -106.693108°	Nuevo México	BSk
63	Tesuque	35.761348; -105.932559°	Nuevo México	Cfb
64	Zia	35.506619; -106.720320°	Nuevo México	BSk
65	Sandia	35.255678; -106.573220°	Nuevo México	BSk
66	Acoma	34.896389; -107.582249°	Nuevo México	BSk
67	Zuni	34.914807; -108.884395°	Nuevo México	BSk
68	Picuris	36.199516; -105.713069°	Nuevo México	Cfb
69	Jemez	35.613520; -106.725925°	Nuevo México	BSk
70	San Juan (Ohkay Owingeh)	36.052544; -106.070594°	Nuevo México	BSk
Plankhouse				
71	Old Kasaan	55.431426; -132.384658°	Alaska	Cfb
72	Howkan	54.872807; -132.801788°	Alaska	Cfb
73	Klinkwan	55.207824; -132.826522°	Alaska	Cfb
74	Kaisun	53.032681; -132.449980°	Columbia Británica	Cfb
75	Kiusta	54.177953; -133.021781°	Columbia Británica	Cfb
76	Kung	54.048427; -132.572717°	Columbia Británica	Cfb
77	Ninstints	52.099875; -131.216794°	Columbia Británica	Cfb
78	Skidegate	53.266872; -131.990552°	Columbia Británica	Cfb
79	Tanu	52.766543; -131.616467°	Columbia Británica	Cfb
80	Hiellan	54.072605; -131.790643°	Columbia Británica	Cfb

Bibliografía

Libros y artículos de revistas

ACOT, Pascal. *Historia del clima: Desde el Big Bang a las catástrofes climáticas*. Buenos Aires: El Ateneo, 2005.

BAKELESS, John Edwin. *America as seen by its first explorers: the eyes of discovery*. Mineola, Nueva York: Dover Publications, 1989.

CAMPBELL, Stanley. 'The Cheyenne tipi'. *American Anthropologist*, vol 17, n. 4, 1915, pp. 685-694.

CAMPBELL, Walter Stanley. 'The tipis of the Crow indians'. *American Anthropologist*. vol 29, n. 1, 1927, pp. 87-104.

COUCHAUX, Denis. *Habitats nomades*. París: Alternatives, 2011.

DENSMORE, Frances. *Chippewa customs*. St. Paul: Minnesota Historical Society Press, 1979.

HASSRICK, Royal B. T*he Sioux; life and customs of a warrior society*. Norman: University of Oklahoma Press, 1964.

HOLLEY, Linda. *Tipis, tepees, teepees: history and design of the cloth teepee*. Gibbs Smith, Publisher, 2007.

JARZOMBEK, Mark. *Architecture of first societies: a global perspective*. Wiley & Sons, Incorporated, John, 2013.

LAUBIN, Reginald y LAUBIN, Gladys. *Indian tipi: its history, construction, and use*. University of Oklahoma Press, 1985.

MACDONALD, George Frederick. *Haida monumental art: villages of the Queen Charlotte Islands*. Vancouver: University of British Columbia Press, 1995.

MORGAN, Lewis Henry. *League of the Ho-dé-no-sau-nee, or Iroquois*. Nueva York: Dodd, Mead and Company, 1922.

MUMFORD, Lewis. *La ciudad en la historia: sus orígenes, transformaciones y perspectivas*. Logroño: Pepitas de calabaza, 2014.

NABOKOV, Peter. *Native American architecture*. Nueva York: Oxford University Press, 1989.

NEILA, Francisco J. *Arquitectura bioclimática en un entorno sostenible*. Madrid: Munilla-Lería, 2004.

OLIVER, Paul. *Dwellings*. Londres: Phaidon Press, 2003.

OLIVER, Paul. *Shelter and society*. Nueva York: F. A. Praeger, 1969.

REINHARDT, Gregory A.; TOOYAK JR., Andrew y LEE, Molly. *Eskimo architecture: dwelling and structure in the early historic period*. University of Alaska Press, 2003.

161

SAGARD, Gabriel. *Le grand voyage du pays des Hurons: situé en l'Amerique vers la Mer douce, és derniers confins de la Nouuelle France, dite Canada*. París: Chez Denys Moreav, 1632.

SCHWATKA, Frederick. 'The igloo of the Innuit'. *Science*, vol. 2, n. 29, 1883, pp. 216-218.

SNOW, Dean R. *The American Indians: their archaeology and prehistory*. Londres: Thames and Hudson, 1976.

SPENCER, Robert F. *The Native Americans: ethnology and backgrounds of the North American Indians*. Nueva York: Harper & Row, 1977.

SPENCER, Virginia E. y JETT, Stephen C. *Navajo architecture: forms, history, distributions*. University of Arizona Press, 2017.

STEFANSSON, Vilhjalmur. *Hunters of the great North*. Nueva York: Harcourt, Brace and Company, 1922.

STEWART, Hilary. *Cedar: tree of life to the Northwest Coast Indians*. Seattle: University of Washington Press, 1995.

TAYLOR, John S. *Arquitectura anónima: una visión cultural de los principios prácticos del diseño*. Barcelona: Stylos, 1984.

UNDERHILL, Ruth. *Indians of the Pacific Northwest*. Washington, D.C.: Education Division of the U.S. Office of Indian Affairs, 1944.

VASTOKAS, Joan Marie. *Architecture of the Northwest Coast Indians of America*. Nueva York: Columbia University, 1966.

VELLINGA, Marcel; OLIVER, Paul y BRIDGE, Alexander. *Atlas of vernacular architecture of the world*. Nueva York: Routledge, 2007.

WILSON, Gilbert Livingstone. *The horse and the dog in Hidatsa culture*. Nueva York: American Museum of Natural History, 1924.

Recursos digitales

The Plant List [En línea]
    http://www.theplantlist.org

Collections search center, Smithsonian Institution [En línea]
    http://collections.si.edu

Edward. S. Curtis's The North American Indian, Northwestern Univ. [En línea]
    http://curtis.library.northwestern.edu/index.html

Library of Congress [En línea]
    https://www.loc.gov/

Este libro se terminó de imprimir
en Madrid, en abril de 2024